ALMAS

que necesitan ayuda para ir a la Luz

SARITA SAMMARTINO

ALMAS
que necesitan ayuda para ir a la Luz

KEPLER

Argentina – Chile – Colombia – España
Estados Unidos – México – Perú – Uruguay

1.ª edición Abril 2020

Copyright © 2020 by Sarita Sammartino
All Rights Reserved
© 2020 by Ediciones Urano, S.A.U.
Plaza de los Reyes Magos, 8, piso 1.º C y D – 28007 Madrid
www.edicioneskepler.com

ISBN: 978-84-16344-46-8
E-ISBN: 978-84-17981-31-0
Depósito legal: B-4.386-2020

Fotocomposición: Ediciones Urano, S.A.U.

Impreso por: Rodesa, S.A. – Polígono Industrial San Miguel – Parcelas E7-E8
31132 Villatuerta (Navarra)

Impreso en España – *Printed in Spain*

El tercer libro de la trilogía lo dedico a la familia en que elegí nacer en esta vida: mis padres, Sara y Martín, y mis hermanos, Martín, Paula y Rosario, quienes me siguen acompañando en la aventura de vivir.

Lo que voy a explicarles a ustedes, del más allá y sobre
la vida después de la muerte, todos son recuerdos.
Son imágenes e ideas que yo he vivido y me han inquietado.
En cierto aspecto, forman la base de mis obras, pues estas
en el fondo no son sino renovados intentos de dar respuesta
a la interdependencia entre «este mundo» y «el otro mundo».

GUSTAV JUNG

Índice

Prólogo

Cuando nacemos, llegamos a la Tierra conectados a nuestra alma a través de nuestras madres. Si nos gusta o disgusta nuestra madre, no importa, ya que ella siempre será el conducto para la conexión de nuestra alma. Reconocer esto es saber que es la humanidad misma la partera del cosmos. Un chamán siempre honra al Dios Madre-Padre y al despliegue de la humanidad como generadores del cosmos. Cuando llegamos a este mundo, encarnamos la mente subconsciente, que contiene todas nuestras vidas en la Tierra, así como los temas no resueltos de las encarnaciones pasadas. Venimos con un plan anterior a la encarnación que inscribimos dentro de nuestros cuerpos energéticos y dentro de nuestros chakras. En el despliegue del tiempo, abrimos nuestros chakras para sanar y comprender todas nuestras vidas y hacer las paces, como también para satisfacer el deseo de volver a ver a alguien a quien hemos perdido en el pasado o de triunfar y encontrar nuestra independencia del sufrimiento y la dominación.

Como un poste totémico, nuestros ancestros llegaron a la conclusión de que hay muchos mundos interpenetrando este: el mundo de abajo del subconsciente o inconsciente colectivo, el mundo consciente del medio y la perspectiva más alta, la del águila y de las estrellas, el panorama general de nuestro Yo Superior.

Llegamos con un plan de vida que debemos seguir en nuestras vidas hasta que hayamos agotado nuestro encuadre kármico. Nuestras vidas necesitan un encuadre, una perspectiva, que se despliega a través del tiempo para satisfacer deseos, cumplir promesas que hemos hecho en vidas anteriores y armar nuestra vida como un mandala. Podemos vivir la vida al máximo con pasión, o resistir nuestras experiencias y escapar de nuestros traumas. La meta es la autoaceptación, realizarnos como personas completas habiendo aprendido las lecciones, refinando y desarrollando el carácter lo suficiente como para aceptar mayores responsabilidades, integrando los muchos yoes dentro de un patrón más grande...

El propósito de la vida es disfrutarla. Aprendemos que seguir nuestra propia felicidad es muy diferente que tratar de hacer felices a los demás. Nuestro servicio a la vida es hacer de ella algo mejor de lo que era cuando llegamos a este mundo. Cuando encarnamos, pudimos elegir nacer de quienes nos mataron antes, para permitir a nuestros actuales padres que nos den oportunidades en la vida y de ese modo compensen sus errores pasados, y nosotros sanemos nuestras heridas de desamor. Pero si ellos nos traicionan al no desarrollarse ellos mismos por no seguir su plan de vida, nos sentimos traicionados, abandonados, y creamos fuertes deseos de dejar este mundo. Para encontrar nuestro lugar en este mundo a pesar de los planes kármicos a menudo difíciles e intensos, necesitamos la perspectiva del águila para saber que estamos eligiendo todo desde una perspectiva más elevada.

Venimos a la vida sabiendo que somos responsables de nuestras elecciones, desde nuestro nacimiento hasta la muerte, por numerosas razones kármicas. Cuando agotamos nuestro karma y nos damos cuenta de que ya no podemos hacer que las relaciones imposibles funcionen, nos corremos para ver desde una perspectiva más amplia. El corazón, al romperse, se abre. Cuando no necesitamos ya la aprobación de nuestros padres o cónyuges y finalmente nos aprobamos nosotros mismos, nos movemos hacia la integridad, la gratitud y el respeto a la vida. No hay dos planes kármicos iguales, pero se entretejen en la trama de la vida y de la conciencia de cada ser viviente. El desenlace de nuestras vidas pasadas y la resolución de todo el karma dan lugar a la liberación, la plenitud, la realización y la simplicidad. Cuando estamos libres de lazos kármicos, nos despertamos y despertamos nuestra contribución a la vida. Pero, como por lo común no somos objetivos con nosotros mismos, a menudo necesitamos una guía como Sarita, para ayudar a facilitar esta apertura a una perspectiva más abierta y desplegada del Ser.

Siempre hemos vivido. Somos seres infinitos. Podemos vivir en el mundo espiritual, que es el mundo real, o podemos encarnar en este mundo, con sus polos negativo y positivo, para entender la negatividad y crear un equilibrio dentro de nosotros mismos.

Un propósito de la vida es que adquiramos experiencia para tomar decisiones informadas, para liberar juicios. Tenemos el desafío en este mundo, como guerreros, de poder ver a través de nuestras propias ilusiones, que nosotros hemos creado, para sentir el pulso de la divinidad en nosotros mismos y en los demás a través del desarrollo más profundo o más elevado.

La vida es un desafío constante, tal como lo atestiguan las veintidós lecciones al ser humano que se indican en las cartas de los Arcanos Mayores del Tarot y de los caminos y esferas del Árbol de la Vida. Estas lecciones son los caminos de cada alma, descubiertas por el mundo antiguo, y constantemente vividas, entendidas y desarrolladas en cada encarnación.

Muchas almas nunca encarnan en la Tierra y prefieren el mundo espiritual, el aprendizaje solo allí y en otros mundos. Aquellos que vienen a la Tierra son guerreros que, a lo largo de muchas encarnaciones, comienzan a conocer su creación única y a sí mismos.

Llegar a ser agradecidos, buscar a la divinidad en la vida cotidiana y ver desde la perspectiva del águila, ese es el propósito de la vida.

Dejar la vida mejor de lo que la encontramos, esa es la meta. La vida es para aquellos que tienen un propósito y establecen objetivos para girar con la rueda de la existencia.

Lo que aportamos a la rueda de la vida es lo que vuelve a nosotros. La vida es una rueda de la fortuna energética. Creamos nuestra propia fortuna. Lo que ponemos en la rueda de la vida es lo que vuelve amplificado. Esta es la rueda de Buda o la gran rueda medicinal de los chamanes. Somos responsables de lo que ponemos en la vida, cómo respondemos, cómo establecemos nuestras intenciones, cómo sentimos y actuamos. Todo lo que vuelve a nosotros mientras creamos nuestra vida. Somos cien por ciento responsables.

Antes de encarnar, elegimos lo que podemos manejar en una sola vida y modificamos nuestro plan de vida para lograr que sea factible. Prácticamente elaboramos planes de vida en detalle como un contrato antes del nacimiento, cuando aún teníamos claridad y conciencia. Sarita ha aprendido esto y lleva a las personas a través de la rueda de la vida, mostrándoles que la verdadera terapia es kármica, que podemos liberarnos de las relaciones pasadas que nos ataban y darnos cuenta de cómo estamos sanando nuestras percepciones. Sarita las guía a través de sus proyectos de vida individuales y del futuro que se está creando en cada acción, decisión y sentimiento.

Ella muestra a cada lector cómo el tiempo es una ilusión construida para que maduremos nuestra percepción, ya que estamos en un cuerpo. Así pues, en este libro, usted aprenderá que es un espíritu en la carcasa de un cuerpo; el cuerpo regresa a la Tierra después de la transición de la muerte y el espíritu viaja de nuevo hacia el mundo del alma, a su verdadero hogar, y celebra sus logros durante su breve tiempo en la Tierra. Cuanto más nos conocemos a nosotros mismos, mejor vamos a entender los orígenes de la vida, las primeras madres, y a encontrar nuestro lugar en el cosmos como educadores, maestros, sanadores y seres cósmicos. A través de la celebración de nuestras vidas, nos encontramos con la gracia y la paz interiores, a partir de la perspectiva del águila, que es emocionante, totalizadora, perpetua y más amplia.

Todos regresamos al mundo espiritual, nuestro verdadero hogar, más allá de la muerte, y Sarita nos recuerda la importancia de conectarnos con nuestra guía interior mientras estamos en la Tierra, para finalmente aceptarnos a nosotros mismos y tener compasión por nuestras vidas.

Foster Perry

A todas las almas,
en su camino de vuelta a casa.

Todo se trata de que la persona esté relajada y coopere
al momento de morir. Es importante trabajar con
las creencias de las personas. Intentar disipar temores.
Cuando el alma se queda —después de morir el cuerpo—
es para resolver lo pendiente, por eso es importante llevar
a la persona a cerrar sus pendientes. Transmitir a la persona:
«Te amamos y te dejamos ir».
Tiene que estar en un ámbito agradable, amoroso y pacífico.

Este mensaje fue recibido por un estudiante de chamanismo cuando
estaba haciendo una práctica para contactar con un alma que necesitaba ayuda para partir a la Luz. Antes de regresar al mundo espiritual,
dejó su último legado en esta vida, que en honor a *ella* y para bene-
ficio de todos los que la seguiremos, decidí transcribir aquí.

Introducción

No somos seres humanos teniendo una experiencia espiritual.
Somos seres espirituales teniendo una experiencia humana.

Pierre Teilhard de Chardin

Este libro comenzó a escribirse sin que yo lo supiera, solo tuve que recordarlo. Pero no fue fácil, no lo es. No me gusta exponerme ni exponer a los demás. Pido perdón si alguno reconoce en estas páginas su propia historia o se ve reflejado en ellas y no es de su agrado. No es mi intención herir a nadie. Lo pensé mucho, lo dudé mucho…, pero el libro se impuso, quiso nacer.

A todos nos gusta ayudar al prójimo, y esta es una gran oportunidad para ello. Gracias en nombre de los lectores a todos mis pacientes, alumnos, amigos y familiares por ser, a través de su testimonio, espejo de su dolor y también guía en el proceso de sanación. Gracias por la confianza. Gracias por permitirme cumplir mi misión. Y, sobre todo, gracias por brindarnos el honor de escuchar sus historias: las historias del alma en su largo camino de evolución. Algunas están en este libro, con nombres y datos personales cambiados para proteger su identidad, otras lo inspiraron y le dieron sustento.

Podríamos decir que esta historia comienza cuando mi vida cambió abruptamente al morir mi hijo en un accidente a la edad de diez años. Dicen que es el peor dolor que puede atravesar una persona, dicen que no es natural que una madre o un padre vean morir a sus hijos, peor aún si son pequeños. Supongo que ha de ser verdad, aunque es difícil cuantificar el dolor, saber cuánto sufre una persona. Me atrevería a decir que no deberíamos andar comparando el sufrimiento. ¿Acaso podemos asegurar que es peor perder un hijo a verlo sufrir, o que un niñito quede huérfano a que un adolescente quede postrado de por vida, o que una joven atraviese una cruenta enfermedad?

Todos son dolores muy profundos y cada cual los vive a su modo. Hacemos lo que podemos para entender, para sanar, para estar mejor el tiempo que nos toque vivir. A veces las explicaciones que recibimos no alcanzan para comprender lo que nos sucede, las terapias resultan insuficientes y las creencias religiosas no nos consuelan del todo. Por eso, cualquiera que sea la situación dolorosa o crítica que estéis atravesando en este momento, lo que deseo brindaros, desde la profundidad de mi alma, es un poco más de esperanza y mucha sanación; mostraros que somos parte de algo superior, que nuestra verdadera naturaleza es espiritual y estamos acá en la Tierra para vivir nuestra experiencia y aprender, que todo dolor tiene un sentido dentro de un contexto más amplio, que así como morimos, volveremos a nacer.

Quiero haceros llegar un mensaje sobre una realidad que nos trasciende, contándoos mi propia historia y también las de otros, relatos que llegaron a mí de la mano de sus protagonistas: personas vivas y otras físicamente muertas —algunas conscientes de ese estado, otras no; unas ya en la Luz y otras detenidas en el plano físico—. Pero todas, almas valientes que tienen historias inspiradoras para contar, enseñándonos sobre la vida, la muerte y el más allá.

A través de estos testimonios pretendo demostraros, queridos lectores, no solo que la muerte como extinción total no existe, sino que así como estamos vivos en esta vida, lo hemos estado en otras y probablemente lo estaremos en otras más, hasta que salgamos de la rueda de la reencarnación. Esta ley es parte del orden superior que hay detrás del caos aparente. Tal vez «querer demostrar» suene un poco pretencioso, así que me conformaré con mostrar, dejar ver, despertar una inquietud, y que cada cual tome lo que quiera o lo que pueda.

Muchos de los testimonios los recibí dentro del marco de una técnica psicoterapéutica llamada Terapia de Regresión a Vidas Pasadas con Orientación Chamánica[1]. Si bien la regresión no se hace para investigar y obtener información, sino con una finalidad terapéutica —aliviar el dolor, el síntoma, de la persona que consulta—, la historia surge igual, ya que contarla, revivirla, es el mejor remedio para liberar el dolor. Dentro del contexto de esta terapia puede expresarse el alma, la verdad más profunda de cada uno, así como puede expresarse también algún espíritu que esté junto a nosotros y sea la causa de nuestro malestar.

Estos relatos están entretejidos con mi propia historia de sanación.

Escuchemos lo que estas almas valientes tienen para decir; en muchas historias sonará el eco de la nuestra propia. Es mi manera de dar testimonio de que nuestra verdadera naturaleza es espiritual, del hecho de que estamos sujetos a la ley de la reencarnación hasta que podamos liberarnos de ella y que no estamos solos en el universo.

Os invito a que, por un rato, penséis con el corazón, leáis el libro con la mente abierta a nuevas ideas y con el alma libre de prejuicios.

---

1. Explicada en profundidad en el Libro I de esta trilogía, *Sanar con vidas pasadas*.

¿Quiénes somos?

Casi todas las personas que se están muriendo
no se están muriendo por primera vez.

NEALE DONALD WALSCH

En este Libro III de la trilogía de *La mirada del águila*, desarrollaré un tema muy especial, ya que habla de quiénes somos en realidad, más allá de lo que las creencias populares, las religiones o teorías psicológicas nos digan.

Nos acompañarán las historias de quienes al morir desnudaron su esencia, mostrándonos lo que nos sucede al quedar reducidos a la última partícula de nuestra identidad. En estos relatos reales y conmovedores, descubriremos qué es lo que realmente pasa con nosotros al morir el cuerpo: ¿Viene la extinción total de la conciencia o continúa nuestra esencia, que se nos revela como independiente al cuerpo físico?

Quiero que reflexionéis profundamente, queridos lectores, en el significado de esta pregunta, ya que podría invitaros a flexibilizar vuestras creencias actuales: ¿Dónde reside nuestra identidad verdadera, nuestra esencia, nuestro Ser? ¿Cuál es la respuesta correcta? ¿En el alma? ¿En alma y cuerpo como una unidad?

Si respondemos que **nuestra identidad esencial es espiritual**, o sea, que esta reside en el alma, siendo el cuerpo solo su morada transitoria mientras estamos en la Tierra, estaríamos abriéndonos a la posibilidad de la reencarnación.

Si, por el contrario, decimos que **nuestra identidad está en cuerpo y alma unidos**, defendemos la teoría de la no dualidad. Aquí estaríamos negando la posibilidad de la reencarnación: *Corpore et anima unus*, dice el *Catecismo de la Iglesia Católica*: «La persona humana, creada a imagen de Dios, es un ser a la vez corporal y espiritual[2]». (¿Dios tiene cuerpo?, me pregunto yo). Por ello, afirman que la persona puede tener solo un cuerpo y que junto con el alma forman su identidad.

Sigamos pensando. Podemos reformular la pregunta inicial de esta forma: ¿Es como dice Pierre Teilhard de Chardin: «No somos seres humanos teniendo una experiencia espiritual. Somos seres espirituales teniendo una experiencia humana»? ¿O, por el contrario, somos *Corpore et anima unus*? ¿Somos **en esencia** seres **humanos** o seres **espirituales**?

¿En qué nos basamos para aventurar una u otra respuesta? No nos apresuremos, pueden sacar una conclusión al finalizar este libro. Mi hipótesis es que somos espirituales, que nuestra verdadera identidad es independiente del cuerpo físico, ya que nuestra única experiencia no es estando encarnados, con un cuerpo en el planeta Tierra. Hemos existido siempre y siempre existiremos. En el plano espiritual no necesitamos cuerpo físico, por eso no lo tenemos. No es esencial a nuestra identidad.

Os invito, como es habitual en esta trilogía de *La mirada del águila*, a escuchar las historias que las almas tienen para contarnos, como buenos chamanes, reuniéndonos alrededor del fuego.

---

2. *Catecismo de la Iglesia Católica*. Primera parte, capítulo primero, artículo 1, párrafo 6, punto II. 362

1

La muerte:
El tabú de la actualidad

Algunas flores solo viven unos cuantos días; todo el mundo las admira
y las quiere como a señales de primavera y esperanza. Después mueren,
pero ya han hecho lo que necesitaban hacer.

ELISABETH KÜBLER-ROSS

En esta época donde todos queremos ser jóvenes y vivir para siempre, donde el gran enemigo es la parca con su guadaña, la arruga y la cana, no nos asombremos de que el tema tabú ya no sea el sexo, sino la muerte… y el «más allá».

Todos queremos estar «acá», y está bien, para eso encarnamos, para vivir plenamente nuestra vida humana. Pero también dentro de esta vida está implícita la muerte. Es una convención, tal vez podríamos haber elegido ser una raza que no necesite de ella —¿acaso no podríamos programar la renovación de nuestras células, de manera que generen células más jóvenes cuando se produce el recambio habitual?—; tal vez algún día sea así, pero por ahora no lo es.

Por ahora nos morimos en algún momento. Muchos creemos que ese día ya está planeado de antemano, o que tal vez haya varias oportunidades de «salida del plano terrestre» y en nosotros esté la última decisión. Pero, antes o después, planeado o casual, ese momento llegará. A pesar de eso, la mayoría de nosotros nos comportamos como si esto no fuera a suceder. Preferimos no pensar en el desenlace final. No está mal, hay que vivir el presente y sin miedo, pero nos perdemos la oportunidad de prepararnos para esa transición, donde algo muy importante sucederá: el pasaje a la otra dimensión, el regreso al hogar. Además, tener conciencia de que tenemos un tiempo acotado para hacer lo que vinimos a hacer, nos ayuda a no desperdiciar la vida y ocuparnos de lo verdaderamente significativo. Aunque tengamos varias vidas más por delante, cada una es importante y tiene sus propios objetivos.

La muerte, un pasaje

El «regreso a casa» no es algo automático, es un pasaje que debemos realizar lo mejor posible en el momento posterior a la muerte del cuerpo físico (porque el otro no muere). La muerte es un proceso que lleva su tiempo, es donde «comenzamos a partir».

Muchas culturas han profundizado este tema fundamental para el ser humano: el último trayecto de un recorrido que comenzó con la concepción y continúa después de la muerte, hasta llegar a la Luz. Y lo tenemos que hacer solos, por eso sería muy útil estar preparados.

En la vida nos preocupamos por aprender muchas cosas, pero nos olvidamos —al menos en la cultura occidental— de aprender a hacer el pasaje del alma a la dimensión espiritual en el momento posterior a la muerte, y luego, cuando nos toca, no sabemos qué hacer. Y la creencia difundida de que «es mejor estar inconscientes, para no darnos cuenta cuando morimos» empeora la cosas; porque, si ni siquiera nos damos cuenta de que estamos muertos, ¡¿cómo se supone que sabremos dónde ir después?!, ¡más confundidos vamos a estar para hacer el pasaje! Entonces, ¿qué nos puede pasar?

Nos quedamos vagando por ahí

Cuando nuestro cuerpo muere, puede suceder que no nos elevemos, o sea, que parte de nuestra alma quede dando vueltas por ahí, sin ascender a la Luz. Los motivos pueden estar relacionados con las circunstancias de la muerte, nuestro nivel de conciencia y creencias, la reacción de nuestras personas queridas, nuestro estado emocional, los apegos, lo que no concluimos y muchas otras razones que expondremos a lo largo de este libro. Escucharemos las historias de muchas almas que no habían podido partir a la dimensión espiritual y serán testigos de una maravillosa herramienta para ayudarlas a ascender. A estas almas, mientras están entre los vivos, luego de morir su cuerpo, las denominamos *almas perdidas*.

Preparándonos para partir

Para que esto no nos suceda cuando nuestro cuerpo muera, debemos aprender a liberarnos, dejar todo arreglado sin temas pendientes o reconocer que lo que no hicimos hasta este momento ya no lo podemos hacer y tendremos que dejarlo para más adelante, para otra vida. Recordarle esto al alma es la mejor preparación para el viaje de regreso al hogar.

La muerte es un proceso de pasaje a otro estado: de la materia al mundo espiritual. Debemos estar conscientes en este momento tan importante en la evolución del alma, para permitir que *ella* llegue completa a la Luz y no se fragmente, dejando parte de su energía aquí. Los seres queridos que quedan pueden ayudar en el proceso, y para ello sirve el velorio y el duelo, que suele durar un año (al menos la parte más dolorosa de la despedida dura ese tiempo, tanto para los que quedan como para los que se van); aunque puede durar más, pues no es lo mismo que se vaya un hijo que un amigo o una pareja. Es importante tomarnos el tiempo necesario, pero también recordar que el alma de quien murió necesita partir para no quedar luego como alma perdida.

Diferentes culturas tienen sus rituales de pasaje

En todas las tradiciones, sean orientales, occidentales, modernas o de los pueblos originarios, existen rituales para ayudar al alma del difunto a realizar el pasaje a la dimensión espiritual una vez muerto su cuerpo (o buscarla y guiarla para que haga el proceso si, al pasar cierto tiempo después de muerto el cuerpo, no logra hacerlo). También hay prácticas y entrenamientos que pueden hacerse durante la vida, para estar mejor preparados cuando llegue el momento de partir.

Los testimonios de las almas perdidas contactadas, tanto en la práctica chamánica como en la técnica de regresiones, nos muestran que quienes crearon estos ritos de pasaje sabían lo que hacían. No los tomemos como una pantomima vacía de significado aunque no compartamos las mismas creencias, pues son ritos sagrados fundamentales para el momento más sublime de la vida: **la vuelta a casa.**

Los chamanes

En la cultura de los pueblos originarios, se realizan prácticas tanto para acompañar al alma perdida a la dimensión que le corresponde, como entrenamientos que podemos realizar durante la vida para estar preparados cuando llegue nuestro momento. Para realizar estas prácticas, merced a su desarrollo elevado de conciencia, los chamanes actúan en la realidad no ordinaria.

«La práctica del chamanismo es un método, no una religión. Puede coexistir con religiones establecidas en muchas culturas. [...]. La palabra "chamán" es original del idioma tungu y se refiere a una persona que hace viajes a la realidad no ordinaria en un estado alterado de conciencia», explica el Dr. Michael Harner (antropólogo), autor del libro *La senda del chamán* y director de la Fundación de Estudios Chamánicos —a través de la cual difunden la práctica chamánica—, en su artículo «No estamos solos» (entrevista de Bonnie Roigan para la revista *Alternative Therapies Magazine*). Y continúa explicando: «Los términos *realidad ordinaria* y *realidad no ordinaria* vienen de Carlos Castaneda. La realidad ordinaria es la realidad que todos percibimos (con los cinco sentidos), mientras que la realidad no ordinaria es la realidad asociada con el estado de conciencia alterado, donde eres capaz de ver lo que normalmente no ves en un estado ordinario de conciencia. La realidad ordinaria es algo en lo que virtualmente todo el mundo puede estar de acuerdo. La realidad no ordinaria es muy específica en cada persona. La información obtenida en realidad no ordinaria está hecha a la medida del individuo; otra gente puede que no la perciba en absoluto, opuestamente a la información obtenida en realidad ordinaria, en la cual todos perciben la misma información».

Los chamanes hablan de «tres mundos» para referirse a las dimensiones de la realidad no ordinaria: el Mundo de Arriba, el Mundo del Medio y el Mundo de Abajo.

El Mundo de Arriba (el Cielo) y el Mundo de Abajo (centro de la Tierra) son ambos dimensiones espirituales y están poblados por seres trascendidos, seres de compasión y sabiduría. Es donde van las almas al morir su cuerpo. Es el retorno a casa.

Esto trajo mucha confusión cuando se realizó la conquista de América por el hombre blanco, ya que, para la tradición cristiana, sobre todo en esas épocas, el mundo de abajo estaba relacionado con el Infierno y lo demoníaco, el inframundo, malinterpretando así las creencias de los indígenas, quienes no entendían por qué La Madre Tierra era lo maléfico para el conquistador y Dios solo estaba en lo alto. Esos ignorantes «civilizados» también creyeron que los «pueblos primitivos» eran politeístas cuando, en realidad, para ellos el espíritu de Dios todo lo permea, todo ser viviente es una manifestación de la divinidad. La naturaleza está viva, es nuestro hogar mientras estamos acá, de ella dependemos y debemos cuidarla y respetarla, no conquistarla, dominarla y destruirla. Una concepción muy de moda hoy en día, pero no en esos tiempos.

El Mundo del Medio es el mismo nivel en el que estamos los seres encarnados, pero en la realidad no ordinaria, o sea, no física. A diferencia de los anteriores (Mundo de Arriba y de Abajo), no es una dimensión que habitan seres trascendidos, no es el mundo espiritual en ese sentido. Es un estado intermedio entre la dimensión física y la espiritual. Es la dimensión donde quedan las almas desde que muere el cuerpo hasta que ascienden a la Luz, y donde pueden permanecer las almas perdidas. Pueden estar un tiempo allí luego de desencarnar, hasta que concluyen sus asuntos de la vida, o pueden quedarse y «perderse», necesitando ayuda para ascender a la Luz; ayuda que reciben de los chamanes. «Los chamanes ayudan a los muertos lo mismo que a los vivos. A estos chamanes se les llama *psicopompos*, o sea, *conductores de almas*», explica también Harner en su artículo.

Su ritual para ayudar a las almas perdidas consiste en que el chamán —hombre o mujer medicina, sabio de la tribu y sanador— entre en un estado alterado o expandido de conciencia y, de esta manera, acceda al Mundo del Medio, donde busca esas almas perdidas, habla con ellas y las guía hasta el portal donde pasarán a la dimensión espiritual: al Mundo de Arriba o al Mundo de Abajo, donde ellas deseen ir. El chamán utiliza para ello lo que se llama *el viaje chamánico*, en el que, estando acostado, con ojos cerrados y guiado por el ritmo de un tambor o maraca que late al compás del corazón de la Madre Tierra, entra en esos estados de conciencia más profundos y accede, así, a la realidad no ordinaria para poder contactar con las almas perdidas.

Como dije al comienzo, también tienen prácticas de entrenamiento que podemos realizar durante la vida, para preparar al alma cuando le llegue el momento de separarse del cuerpo y evitar así que «se pierda». Se practica recorriendo de antemano el camino de las almas hacia el Mundo de Arriba o al Mundo de Abajo, en un viaje chamánico. Los chamanes dicen: «Se aconseja guiar al alma de la persona a donde va a ir y luego hacerla regresar, como preparación para lo que va a venir y así disipar temores».

Durante el duelo, los chamanes también suelen retirar de la habitación a los deudos que lloran y se lamentan frente al moribundo, pues quien acaba de morir necesita paz y concentración.

Los tibetanos

Las culturas orientales hacen hincapié en que nuestro objetivo en la Tierra es lograr la liberación definitiva de la rueda de las reencarnaciones y en que, más allá de los méritos o faltas acumuladas, siempre, en cada vida al morir, tenemos la posibilidad de liberarnos. Ellos no solo tratan de evitar que el alma quede vagando en planos intermedios, sino que intentan llevarla a la liberación total, aunque, en última instancia, depende de *ella* que lo logre o vuelva a reencarnar.

«El *Libro de los muertos [Bardo thodol]* es un texto por cuya lectura los oficiantes autorizados se proponen guiar al difunto en el estado intermedio [conocido con el nombre de *bardo* o *antarábbava*] entre la muerte y la entrada a otro estado de existencia. Se estima que la muerte definitiva no se produce hasta tres o cuatro días de presentarse los síntomas del deceso, período que puede abreviarse con un ritual celebrado por el *pho-bo*, oficiante que provoca la "eyección de la conciencia" (o "extracción del principio consciente", en Evans-Wentz), es decir, lleva a la liberación inmediata», leemos en el *Libro tibetano de los muertos, la gran liberación por audición en el bardo*, escrito por el gurú Rimpoché según Karma Lingpa. El *Bardo thodol* es un manual práctico para guiar el alma del difunto y se lee durante los funerales y hasta completar los cuarenta y nueve días asignados al estado intermedio (el muerto puede ser reemplazado por una esfinge en ese tiempo). Le es leído en el oído al difunto y le va recordando al alma los pasos y etapas a seguir en su viaje en el «bardo del devenir», así como las experiencias que tendrá durante el pasaje; le recuerda que solo son un reflejo de sus propias proyecciones neuróticas no resueltas en su vida, y que, de reaccionar a ellas con miedo o apego, volverá a reencarnar, perdiéndose la oportunidad de salir de la rueda de las reencarnaciones y fundirse en la Luz Pura.

Estas experiencias que se dan durante el bardo (el estado intermedio) después de la muerte, «[...] no se manifiestan en forma física o visual, sino en forma de energía que tiene la cualidad de los elementos: tierra, agua, fuego, aire y espacio. No nos referimos a las sustancias ordinarias, al nivel grosero de los elementos, sino a los elementos sutiles», aclara el gurú Rimpoché, y continúa explicando que nos enfrentamos en el pasaje a visiones apacibles y coléricas. En las instrucciones que se leen al difunto se le recuerda que... «[...] lo esencial es reconocer con certidumbre que cualquier cosa que aparezca, por muy aterradora, es tu propia proyección».

El «bardo de la dhármatá» es la experiencia de la luminosidad, donde aparece una luz pura y clara que se describe como difícil de discernir, luminosa y brillante, y con aterradora refulgencia:

Ahora que el bardo de la dhármatá despunta sobre mí,
abandonaré todo pensamiento de temor y terror,
todo lo que aparezca lo reconoceré como proyección mía
y sabré que eso es solo una visión del bardo;
ahora que he alcanzado este momento decisivo,
no temeré a los apacibles ni coléricos, que son mis
proyecciones.

Libro tibetano de los muertos

Y, también en esta cultura, hay prácticas durante la vida para estar mejor preparados cuando nos llegue el turno. Hay entrenamientos específicos sobre cómo «eyectar la conciencia» que realizan los yoguis; además de otras prácticas, como describe el mismo Rimpoché: «Una de las prácticas más avanzadas y peligrosas es el retiro al bardo, que consiste en siete semanas de meditación en total oscuridad», durante las cuales van apareciendo las visiones de las divinidades amables y coléricas.

Yo misma he tenido una experiencia similar, no en un retiro de siete semanas, sino en una noche de toma de ayahuasca en un ritual chamánico, en la que esta planta sagrada me mostró mis propios monstruos internos en emociones aterradoras y visiones de vivos colores; un ejercicio de preparación para el momento de mi propia muerte. Confieso que mi pensamiento fue: «No creí que fuera a ser tan difícil».

Los judíos

En el judaísmo, los familiares del difunto rezan el *kadish* (oración) de duelo, en particular durante los primeros siete días siguientes al fallecimiento, para ayudar a su alma a elevarse. Su vibración es muy poderosa y asiste al alma en su camino de regreso a la Fuente de la

Luz (como sucede con las plegarias en general, mantras, cantos sacros y rituales de las diferentes culturas).

Los cristianos

En la tradición cristiana, el sacerdote administra el sacramento de la extremaunción, llamada también *unción de los enfermos*, para aliviar al alma de sus pecados y faltas que pudieran entorpecer su ascenso a la Luz. Sus familiares y amigos rezan por ella, y el clérigo intercede ante «el Padre» para que la reciba en «los Cielos». Pueden pronunciar palabras como estas: «Señor, te encomendamos el alma de tu hija/o para que viva unida a ti después de haber muerto para el mundo. Por tu inmensa piedad, perdónale los pecados que ha cometido por su humana fragilidad. Por Jesucristo, nuestro Señor». También se aconseja rezar una novena por su alma, o sea, una oración durante nueve días seguidos, y se suele oficiar una misa por el alma al año de la muerte.

No conozco, sin embargo, una práctica específica en esta cultura para prepararnos para la muerte y evitar «perdernos». Lo que podemos hacer es recordarle cada tanto a nuestra alma que «cuando muera nuestro cuerpo, busque la Luz, que siempre está ahí en el momento de la muerte, y la siga, que es su guía a la Fuente de la Luz, el Cielo. Que no se deje atrapar por el llanto de los que nos aman, por los temas inconclusos, ni por el apego a lo que dejamos. Le recordamos que el castigo no existe, tampoco la culpa. Solo la Luz, y a ella debemos dirigirnos».

Meditación de la Luz

Si después de leer estas líneas quedasteis preocupados por algún ser querido que partió hace un tiempo, pensando que os hubiera gustado poder ayudarlo en su transición, podéis hacer una sencilla meditación.

Siéntate cómodamente en un lugar tranquilo, cierra los ojos y respira normalmente. Pon toda tu atención en tu respiración, como un observador neutral. Observa o siente cómo entra y sale el aire de tu cuerpo; vas a percibir que, de forma gradual y natural, tu cuerpo se va aflojando... Se relajan los músculos, la mente se aquieta y vas sosteniendo menos pensamientos. Si te distraes y comienzas a pensar en otra cosa, cuando te des cuenta, muy suavemente, regresa tu atención a tu respiración. Continúa hasta que sientas que te has calmado un poco y tu respiración es suave y relajada y el cuerpo ya tiene menor tensión...

En ese momento, pon tu atención en el ser querido que falleció, simplemente piensa en esa persona, la imagen que aparezca estará bien. Tal vez recuerdes el momento en que murió, o algún momento en que estuvisteis juntos. Deja que surja y, si no percibes nada, no te preocupes. Simplemente imagina a esta persona delante de ti y háblale suavemente, explicándole, en caso de tener él o ella alguna duda, que su cuerpo murió. Puedes contarle en qué circunstancias, cómo sucedió (si su muerte fue repentina o estaba inconsciente en ese momento, será más importante aún que lo hagas).

Después le dices que quite toda su energía de su cuerpo y de esta vida que acaba de terminar y que continúe su camino hacia la Luz. Que busque un canal de luz, un túnel de luz blanca, que se deje llevar por ella y continúe su camino hasta la Fuente de la Luz. Este momento es adecuado para despedirse, diciéndole a esta persona todo lo que falte por decir y quedarnos luego un momento en silencio y receptivos para escuchar lo que su alma quiera transmitir. Despedirse es muy importante, es decirle: «Te libero y me libero, eres libre para seguir tu camino y yo el mío». Sentimos que cortamos los lazos que nos ataban, y que solo permanece el amor entre almas, un amor que une y nunca se termina.

Al finalizar esta meditación, simplemente abre los ojos, despacio y suavemente, para regresar a la conciencia física habitual del cuerpo.

La tarea se habrá realizado y un nuevo espacio de sanación se habrá abierto ante nosotros para tranquilidad del alma.

Mudarse a una casa más bella

La doctora Elisabeth Kübler-Ross, reconocida mundialmente por su trabajo con los moribundos, en su libro *La muerte: un amanecer* cuenta que explica a sus pacientes cómo es «el pasaje» —lo que experimentará su alma al morir el cuerpo—, para que se preparen y no teman cuando venga la muerte. Considera el cuerpo humano como el «hogar transitorio del alma» y, al morir, simplemente lo dejamos para vivir en otro lado. Este concepto —esta relación entre alma y cuerpo— es, a mi entender, un argumento de peso en favor de la teoría de que nuestra verdadera identidad es espiritual. La autora menciona tres etapas en el proceso de la muerte:

En el momento de la muerte hay tres etapas. Con el lenguaje que utilizo en caso de niños de corta edad, digo que la muerte física del hombre es idéntica al abandono del capullo de seda y su larva puede compararse con el cuerpo humano; un cuerpo humano transitorio. Son, digámoslo así, como una casa ocupada de modo provisional. Morir significa, simplemente, mudarse a una casa más bella, hablando simbólicamente, se sobreentiende.

Desde el momento en que el capullo de seda se deteriora irreversiblemente, ya sea como consecuencia de un suicidio, de homicidio, infarto o enfermedades crónicas (no importa la forma), va a liberar a la mariposa, es decir, vuestra alma.

En esta segunda etapa, cuando vuestra mariposa —siempre en lenguaje simbólico— ha abandonado su cuerpo, vosotros viviréis importantes acontecimientos que es útil que conozcáis anticipadamente para no sentiros jamás atemorizados frente a la muerte.

En la segunda etapa estaréis provistos de energía psíquica, así como en la primera lo estuvisteis de energía física. En la primera etapa, tenéis necesidad de un cerebro que funcione, es decir, de una conciencia despierta para poder comunicar con los demás. Desde el momento en que este cerebro —este capullo de seda— presente daños importantes, la conciencia dejará de estar alerta y se apagará. Desde el instante en que esta falte, cuando el capullo de seda esté deteriorado al extremo de que vosotros ya no podáis respirar y que vuestras pulsaciones cardíacas y ondas cerebrales no admitan más mediciones, la mariposa se encontrará fuera del capullo que la contenía. Esto no significa que ya se esté muerto, sino que el capullo de seda ha dejado de cumplir sus funciones. Al liberarse de ese capullo de seda, se llega a la segunda etapa, la de la energía psíquica [...].

Desde el momento en que sois una mariposa liberada, es decir, desde que vuestra alma abandona el cuerpo, advertiréis enseguida que estáis dotados de capacidad para ver todo lo que ocurre en el lugar de la muerte, en la habitación del hospital, en el lugar del accidente o allí donde hayáis dejado vuestro cuerpo. Estos acontecimientos no se perciben ya con la conciencia mortal, sino con una nueva percepción. Todo se graba en el momento en que no se registra ya tensión arterial, ni pulso, ni respiración; algunas veces incluso en ausencia de ondas cerebrales. Entonces sabréis exactamente lo que cada uno diga y piense y la forma en que se comporte [...].

En esta segunda etapa, «el muerto» —si puedo expresarme así— se dará cuenta de que él se encuentra intacto nuevamente. Los ciegos pueden ver, los sordos o los mudos oyen y hablan otra vez [...], y son miles los que estando hoy en sillas de ruedas, podrán al fin bailar de nuevo [...]. Todos están intactos nuevamente. Son perfectos.

Kübler-Ross expresa con mucho sentido del humor —a raíz de los comentarios de sus colegas escépticos— que, si se tratara solamente de una carencia de oxígeno a la que ellos atribuyen estas «visiones», ella se la recetaría a todos los ciegos. Y continúa explicando el proceso del morir, basando su conocimiento en la información de los pacientes que «regresaron de la muerte»:

> Cuando se abandona el cuerpo, se encuentra en una existencia en la cual el tiempo ya no cuenta, o simplemente ya no hay más tiempo, del mismo modo en que tampoco podría hablarse de espacio y de distancia tal como los entendemos, puesto que en ese caso se trata de nociones terrenales. Por ejemplo, si un joven estadounidense muere en Vietnam y piensa en su madre, que reside en Washington, la fuerza de su pensamiento atraviesa esos miles de kilómetros y se encuentra instantáneamente junto a su madre. En esta segunda etapa ha dejado de existir, pues, la distancia [...].
>
> Se toma conciencia de que la muerte no es más que un pasaje a otra forma de vida. Se han abandonado las formas físicas terrenales porque ya no se las necesita, y [...] se pasa por una fase de transición totalmente marcada por factores culturales terrestres. Puede tratarse de un pasaje, de un túnel, o de un pórtico, o de la travesía de un puente [...]. Después, cuando habéis realizado este pasaje, una luz brilla al final. Y esa luz es más blanca, es de una claridad absoluta, y, a medida que os aproximáis a esa luz, os sentís llenos del amor más grande, indescriptible e incondicional que os podáis imaginar. No hay palabras para describirlo.

Tal vez hayáis oído hablar alguna vez de personas que «regresaron de la muerte» y describieron el famoso túnel; podían ver la escena donde estaba su cuerpo desde arriba con lujo de detalles o tenían una sensación de paz tan absoluta que no deseaban regresar al cuerpo. La doctora Elisabeth Kübler-Ross ha recibido muchísimos testimonios que confirman que estas experiencias son reales y las diferencia de la muerte como separación definitiva del cuerpo físico:

> Cuando alguien tiene una experiencia del umbral de la muerte, puede mirar esta luz solo muy brevemente —es necesario que vuelva rápidamente a la Tierra—; sin embargo, cuando uno muere —quiero decir, morir definitivamente—, este contacto entre el capullo de seda y la mariposa podría compararse al cordón umbilical («cordón de plata») que se rompe. Después ya no es posible volver al cuerpo terrestre; pero, de cualquier manera, cuando se ha visto la Luz, ya no se quiere volver [...].
>
> En esta Luz, en presencia de Dios, de Cristo (o de cualquiera que sea el nombre con que se le denomine), debéis mirar toda vuestra vida terrestre, desde el primero al último día de la muerte.

Volviendo a ver como en una revisión vuestra propia vida, ya estáis en la tercera etapa. [...] Ahora poseéis el conocimiento, [...] interpretaréis todas las consecuencias que han resultado de cada uno de vuestros pensamientos, de cada una de vuestras palabras y de cada uno de vuestros actos.

Una paz indescriptible...

Enrique, un joven profesional, durante la entrevista que le hice antes de comenzar la regresión, me contó que había comenzado a interesarse por los «temas espirituales» a partir de una experiencia muy fuerte que le había sucedido durante una cirugía varios años atrás; es por eso que deseaba trabajar, a través de esta técnica que incluye la dimensión espiritual, su ansiedad del momento y, sobre todo, las dolencias físicas que padecía. Aquí voy a relatar no su regresión, sino aquella parte de su historia que corresponde a la experiencia espiritual que le cambió la vida:

> Cuando estaba en medio de la cirugía, sentí que me salía del cuerpo, pude ver todo desde arriba y mi alma estaba en una paz indescriptible. Vi la Luz de la que hablan; es muy blanca y muy brillante pero no es cegadora. No tenía problemas ni pensamientos. Tuve la visión de mi madre, que había fallecido cuando yo tenía veinte años, y de toda mi familia fallecida. No tenían forma, eran energías. Estaban todos reunidos como esperando a alguien. Había otros seres muy blancos y muy brillantes, pregunté a mi mamá quiénes eran, me dijo que eran maestros. Como yo no entendía, me explicó que eran guías espirituales. Yo le dije que me quería quedar ahí y ella me dijo que no, que no me podía quedar, que todavía me faltaba mucho tiempo. Yo estaba libre, flotando... y de golpe siento una presión muy fuerte en el pecho y me encontré de vuelta en el quirófano. Cuando le conté esto a mi hermana, que es médica, me dijo que era efecto de la anestesia. Le dije que no, imposible, yo no estaba soñando. A partir de ahí me interesé muchísimo y comencé a leer sobre los guías espirituales.

Consejos de un alma que ya partió de esta vida

No solo podemos recibir información de las almas que regresan a su cuerpo luego de las experiencias del umbral de la muerte, sino también de aquellas que cortaron su «cordón de plata» para quedarse del «otro lado», tanto si pudieron llegar a la Luz, como en el caso de que no lo hubieran logrado y quedaran perdidas a mitad de camino. Estas últimas son las almas que necesitan ayuda para llegar a la

Luz, y en una regresión con orientación chamánica las podemos contactar, hablar con ellas, escucharlas y guiarlas a la Luz. Pueden relatarnos qué les sucedió al morir su cuerpo y a qué se debe que se perdieran, y darnos así algunos consejos, para que nosotros no repitamos los mismos errores que las perturbaron a ellas en su proceso de pasaje.

Escuchemos lo que un alma perdida contactada en una regresión les aconseja a los médicos que acompañan al moribundo:

> El enfermo necesita tranquilidad. Comodidad y confort en el cuerpo. El cuerpo, antes de irse, duele todavía y hay que tener cuidado porque duele mucho. Un cuerpo cómodo ayuda a pensar. Los ruidos hacen mal. Mucha luz hace mal. Mucha gente hace mal. Todo lo justo. Los médicos tienen que tener la misma autoridad y coraje para despedirse del que está por morir, que la que tienen para medicarlos y retarlos si no cumplen con las indicaciones. Siempre traten de despedirse de sus pacientes, ¡sean valientes!, ¡sean honestos! No se olviden de la despedida, todos la necesitan. Si es posible, hay que decirle al moribundo algo bueno, por ejemplo: «Tuviste mucha paciencia»; «Tu alegría fue buena para todos». Decir algo que tenga que ver con ese cuerpo, con esa vida, para que al partir haya un reconocimiento. Algunas veces esto puede ayudar al paciente a saber que se hizo todo lo por hacer. No hace falta decir lo malo. Reconocer lo bueno ayuda al balance. Lo que faltó será para la próxima vida y, aunque parezca tonto, es bueno decir cosas tales como «Me gustaba reírme contigo». Son cosas simples, pero no olviden decirlas. Es tener ambos conciencia del trabajo que se hizo. Traten de hacerlo siempre que puedan, no tengan vergüenza. Pueden hacerlo en silencio, se oye igual; y, si quisieron al enfermo, díganselo y ¡chau!

Queridos lectores, me alegraría pensar que estas líneas las está leyendo aunque sea un solo médico, con eso habré ayudado a muchas almas a realizar su pasaje a la Luz.

Oímos aunque estemos inconscientes

Ya que estamos dando consejo a los médicos, incluiré otro más: es necesario que los profesionales de la salud, así como sus familiares, cuiden las palabras que utilizan delante de los enfermos creyendo que ellos no los pueden oír, ya sea al morir, estando en coma o durante una cirugía porque, como menciona la doctora Kübler-Ross: «Mucha gente abandona su cuerpo en el transcurso de una intervención quirúrgica y observa, efectivamente, dicha intervención. Todos los médicos y enfermeras deben tener conciencia de este hecho. Eso quiere decir que en la proximidad de una persona inconsciente no se debe hablar más que de cosas que esta persona pueda oír, sea cual fuere su estado».

Muchas veces la recuperación de un paciente luego de una cirugía dependerá en gran parte de los comentarios y bromas aparentemente inocentes de quienes estuvieron en el quirófano: «Esta vieja no dura más de tres meses»; «Es demasiado débil para que se recupere pronto». Cuando estamos bajo el efecto de una anestesia total, al haber pérdida de conocimiento, nuestra mente consciente no puede registrar lo que ve, oye o siente, pero el inconsciente registra absolutamente todo; esa información, al no pasar por una reflexión o análisis consciente, va sin filtro al inconsciente y queda registrado como una orden o un hecho indudable, y desde ahí condiciona nuestra vida. Podemos aprovechar esta condición de la mente para «plantar semillas positivas» y ayudar a la recuperación del paciente.

Recuerdo a un joven médico que, haciendo una regresión, revivió una cirugía a la que se había sometido hacia el final de su carrera y descubrió que el médico había comentado en el quirófano: «Este sería un buen anestesista». Justamente la especialidad que eligió al graduarse. ¿Casualidad? ¿Coincidencia? ¿O algo más?

El moribundo puede percibir otras dimensiones

«En esta segunda etapa también os dais cuenta de que ningún ser humano puede morir solo, y no únicamente porque el muerto pueda visitar a cualquiera, sino también porque la gente que ha muerto antes que vosotros y a la que amasteis os espera siempre».

ELISABETH KÜBLER-ROSS

Como la muerte es un proceso, el alma va desprendiéndose de a poco, sobre todo en una muerte lenta y por edad avanzada; por eso, muchas veces, la persona puede ya percibir y contactarse con sus seres queridos que murieron antes de partir definitivamente. He oído que muchas personas antes de morir dicen ver en su habitación algún familiar o amigo (ya muerto) que lo viene a buscar. ¿Fantasía o realidad? ¿Alucinación o realidad no ordinaria que puede percibir una persona cuya alma se va desprendiendo lentamente y con conciencia del proceso? Ellos no dudan. Usualmente comentan cosas así, como el padre de Azucena en el hospital:

—Hola, papá, ¿cómo estás?

—Hola, hija, ¿por qué no saludaste a tu tío, que pasó por tu lado y parecía que ni lo veías? —El tío estaba muerto.

—Discúlpame, papá, no me di cuenta, ahora lo saludo.

—Ahora se fue, dice que a las doce vuelve a buscarme porque tenemos que ir a otra parte.

(Apenas pasadas las doce, llamaron a Azucena del hospital: su padre había muerto).

Muchas almas me han contado que sus seres más queridos muertos antes que ellos vienen a buscarlas para acompañarlas en el pasaje hacia la Luz.

Continuemos con las conclusiones de la mayor especialista en el tema, la doctora Elisabeth Kübler-Ross, basadas en sus investigaciones sobre «la vida después de la muerte». Ella solía preguntar a los niños moribundos a quién desearían ver después de su muerte: «El noventa por ciento se decide por "mamá" o "papá". Ninguno de los niños que optaron por "papá" o "mamá" contó, tras una de estas experiencias del umbral de la muerte, haber visto a ninguno de sus padres, a menos que uno de ellos hubiese muerto antes», refutando de esta manera el argumento de sus colegas, que atribuían el encuentro con seres queridos a una proyección de deseos de los niños.

En mi experiencia con las regresiones a vidas pasadas con orientación chamánica, cuando una persona revive una vida anterior, debo guiarla al momento de su muerte en esa misma vida para que se desprenda de ese pasado (este tema está desarrollado y ejemplificado en el Libro I *Sanar con vidas pasadas* y en el II *Amores que vienen de vidas pasadas*). Es necesario acompañarla a recorrer el proceso de su muerte y lo que sucede después en el «espacio entre vidas». Es ahí donde pude constatar, después de miles de experiencias, lo explicado por la doctora Kübler-Ross con respecto al destino del alma una vez que muere el cuerpo. Todos tenemos nuestros guías espirituales, que nunca nos abandonan y que luego nos acompañan en este pasaje posterior a la muerte. Las figuras que nos reciben cuando ya estamos en la Luz, ya sean familiares, amigos, Jesús, María, etc., en sí mismos no tienen forma concreta cuando están «allí arriba». Es por eso que, para ayudarnos y darnos confianza cuando recién llegamos, toman una forma que nos es conocida (o de una deidad de la creencia espiritual que traíamos en esa encarnación). ¡Por eso a un católico no lo viene a buscar Buda; ni a un judío, Jesús! Arriba es solo Luz, no hay formas, no hay religión.

Percibiendo otras realidades en la vida cotidiana

Y claro que no solo el moribundo puede percibir «otra realidad», como lo comprobamos a lo largo de esta trilogía de *La mirada del águila*. Escuchemos el relato que me llegó un día por *e-mail*, mientras escribía justo este capítulo. Es la historia de una joven asesinada cuya alma fue contactada, sin intención consciente, por una señora que ya había hecho regresión conmigo y conocía el procedimiento:

Hola, Sarita, hice una regresión contigo hace un tiempo, no sé si te acuerdas. Quería contarte algo que para mí es raro, capaz tenga que ver con lo experimentado en la terapia: el martes me realizaron un estudio médico de rutina, me pusieron anestesia sobre las once de la mañana, y ese día estuve bastante «ida». Tipo diecinueve horas, volví a mi casa, me tiré un rato en la cama y entré en un estado como de ausencia (no sé cómo decirte, no estaba consciente o sí lo estaba, no sé). En mi cabeza apareció un nombre que abarcaba todas mis emociones y sensaciones indescriptibles: Nuria. Me pregunté: ¿Dónde oí ese nombre? Es más, no sabía que era un nombre, y allí siente que «ese algo» decía que era una de las turistas extranjeras que habían sido asesinadas en el norte [de Argentina]. Sin salir del estado en que me encontraba, le pregunté qué hacía acá y me respondió que venía escapando de una luz o algo así, allí me acordé que, en la regresión, vos me guiabas hacia una luz (cuando muere el cuerpo en una vida pasada). Le pude decir o transmitir, no sé si hablé o no, pero dije: «Anda a esa luz, anda, anda, anda, ¡fúndete en ella!». Y allí terminó todo. Luego me quedó el recuerdo, pero sin ningún tipo de sensación, solo dudas. Le comenté a gente que comparte este tipo de terapia y sabía que no me tomarían por loca y me aconsejaron que te lo contara. ¿Qué será esto?

Cuando la muerte es repentina, y sobre todo violenta, no estamos preparados, el cuerpo se apaga de golpe, es un *shock*, y el alma se confunde. Aunque venga la Luz a buscarla, puede estar tan asustada que huya para otro lado. Considero que, en esta experiencia, mi paciente pudo ayudar a la turista extranjera muerta a «elevarse», a ir a la Luz. Seguramente estaba asustada por haber sido asesinada y esas emociones le impedían comprender que ya estaba a salvo. En un estado de ensoñación —entre el sueño y la vigilia (los tibetanos lo llaman *bardo*)—, entramos en una fase donde podemos acceder a la realidad no ordinaria, que facilita la conexión con las almas. ¿Por qué el alma fue a alguien que estaba a cientos de kilómetros? No lo sé. Para el alma no hay tiempo ni espacio. Tampoco se conocían, al menos en esta vida. Pero no tiene importancia, tal vez percibió que se podía comunicar con ella. He sabido de muchos casos similares, de almas perdidas que buscan ayuda de cualquier persona sensible que tenga la capacidad de contactarse con ellas. Este es solo un ejemplo de cosas que suceden más a menudo de lo que probablemente imagináis.

Mucha gente me comenta que los «muertos» les piden ayuda (o los miran o pasan cerca), pero que no saben cómo ayudarlos y preferirían dejar de verlos, o bien se acostumbran y pasa a ser parte de su rutina. Mejor sería que aprendieran cómo ayudarlos. Eso es lo que hago cuando viene a consultarme un paciente que trae consigo un alma perdida: hablar con ella, preguntarle qué le pasó, cómo murió su cuerpo, a qué se debe que no pudo partir a la Luz, y ayudarla a hacer el pasaje.

«¿Qué es esto de "traer consigo un alma perdida"?», os preguntaréis asustados. Escuchemos atentos *sus* historias a lo largo de estas páginas, donde las almas perdidas «en persona» podrán contaros cómo hacen *ellas* para «sobrevivir» cuando ya no tienen un cuerpo...

2

Almas perdidas

Nunca traten de convencer a alguien de que cambie de religión o
creencia, ya que esa es su manera particular de relacionarse con Dios;
si no, el día de su muerte, se sentirá solo: el nuevo dios le resultará
todavía extraño y el anterior estará lejano.

DALAI LAMA

Cuando el pasaje a la Luz no se realiza correctamente, puede suceder
que el alma quede perdida en la dimensión terrestre (o Mundo del
Medio, como la llaman los chamanes). ¿Cuáles son las razones por las
que esto puede suceder? Veamos las diferentes situaciones que pueden
confundir al alma al morir el cuerpo:

Una muerte repentina: No somos conscientes de que nos morimos. Imaginad que estábamos conversando con nuestro compañero
de viaje en el auto o leyendo en el tren o en el avión y... ¡de repente
estamos muertos! Nuestro cuerpo muere y nuestra conciencia no lo
registra porque fue demasiado rápido. Y, una vez muerto el cuerpo,
tampoco se da cuenta, ya que el cuerpo muere pero el alma, no; el
alma continúa con vida. Nosotros estamos vivos. Así nos sentimos,
¿por qué vamos a pensar que morimos? Al principio el cuerpo etérico

(una especie de «doble energético») tiene la misma forma que el cuerpo físico, y eso nos confunde.

Sucede lo mismo si estábamos **inconscientes antes de morir,** como en una cirugía con anestesia total, congelamiento, al desmayarnos, drogados o alcoholizados.

Demasiados estímulos al mismo tiempo nos distraen del proceso de morir. Esto hace que nuestra atención esté puesta en nuestras emociones o dolores, la tristeza por dejar seres queridos, el miedo a lo desconocido, a qué pasará después de la muerte, rabia, impotencia, etc. Inundados de todas estas emociones y sensaciones, no somos conscientes de cómo se va apagando de a poco el cuerpo. No penséis solo en la época contemporánea, imaginad, por ejemplo, una tortura en la Edad Media, donde se debían sentir tantas cosas al mismo tiempo: confusión, miedo, odio, dolor, resistencia a morir y sufrimiento porque la familia quedaba desprotegida... En estas circunstancias, al morir el cuerpo ni nos damos cuenta de tan ocupados que estamos en las otras cosas.

No querer «partir»: Podemos estar atentos al proceso de la muerte del cuerpo y luego ser bien conscientes de que estamos muertos... ¡pero no nos queremos ir! Y ¿por qué no nos querríamos ir? Imaginemos que al morir vemos la Luz que nos «invita a subir», pero que el cura no ha llegado a tiempo para la extremaunción y quedaron algunos pecaditos por ahí... y entonces nos preguntamos: «¿Adónde iré? ¿Al Cielo, al Purgatorio o al Infierno?... Por las dudas, no voy a ningún sitio y me quedo con mi familia, acá estoy bien». O nunca creímos en el alma y al estar fuera del cuerpo, nos decimos: «¿Y ahora qué hago?». O creíamos, pero no estábamos muy seguros, y entonces dudamos: «¿Habrá algo más allá? ¿Cómo será? ¡Por las dudas, me quedo acá; mejor malo conocido que bueno por conocer!». O imaginad el triste caso de una madre dejando niños pequeños: ¡va a querer quedarse a cuidarlos! Otras veces nos retienen nuestros seres queridos con sus llantos, lamentos y ruegos para que no los abandonemos: «¡No te vayas, abuelito, quédate conmigo!»; y el abuelito se apena y se queda. O la mujer le dice a su marido: «Mi amor, ¿por qué me dejaste sola, que voy a hacer ahora?, ¡no me abandones!». O nosotros mismos nos aferramos tan fuertemente a la vida, a las cosas o a las personas que nos negamos a partir: «¡No me quiero morir, soy demasiado joven!». O al morir no queremos irnos lejos y **nos quedamos en los lugares que nos gustaban**: «Me quedo en mi teatro»; «Me voy a los árboles porque me gusta la naturaleza»; «Me quedo en la casa de la costa»… O somos muy dominantes y **no podemos delegar ni al morir**: «¡No les voy a dejar el negocio a los inútiles de mis hijos!». Tal vez **algún tema inconcluso** antes de morir nos retiene: «Necesito decirle a papá que no tiene la culpa»; «Tengo que despedirme de mi familia»; «No pude salvar a mi gente». Y también hay **deseos de venganza** o emociones no resueltas: «¡Me voy a vengar del que me mató!»; «No me puedo ir, siento mucha rabia». Vemos asimismo **el desconcierto del suicida** que, al intentar terminar con su vida para dejar de sufrir, se da cuenta de que… ¡sigue vivo! Y esto sumado a la sorpresa de ver que continúa con las mismas emociones que tenía antes de matarse y de las cuales pretendía escapar con la muerte (en estos casos, lo habitual es que no vea la Luz o ni siquiera la busque).

¿A dónde vamos?

Como hemos visto, cuando un alma no «se eleva», se queda un tiempo. Ahora bien: ¿dónde queda? Normalmente en lugares conocidos por ella, donde están sus apegos, o directamente se adhiere al campo energético de una persona (familiar, amigo o desconocido); necesita energía para quedarse, y de ahí la toma. Se nos «pega» o «entra y sale» de una persona a otra, tomando su energía. Da miedo de solo pensarlo, puedo entenderlo, pero en realidad no hay de qué preocuparse, solo ocuparse de ayudarlas a salir y elevarse a la Luz.

En la Terapia de Regresión a Vidas Pasadas con Orientación Chamánica (explicada en profundidad en el Libro I de esta trilogía, *Sanar con vidas pasadas*), a estas almas las llamamos simplemente *almas perdidas*, como ya venimos viendo. No tienen mala intención, pero desgastan energéticamente a quien se adhieren, además de trasmitirle sus emociones y sensaciones, las que tenían al morir su cuerpo y que influyeron a la hora de quedarse. Esto provoca, en quien las lleva a cuestas, síntomas físicos y emocionales, mucha confusión, cansancio y a veces miedo. No se van porque, en muchos casos, al pasar cierto tiempo, ya no recuerdan qué pasó, qué hacen acá o cómo partir, y hasta pueden estar muy cómodas y llegar a creer que ese cuerpo en el que están ahora es el suyo, ya que muchas veces pueden hacerle hacer a la persona lo que *ellas* quieren o haber entrado hace mucho tiempo (desde el nacimiento o incluso desde una vida anterior).

¿A qué se debe que una persona viva las atraiga?

Lo que sucede es que nuestro cuerpo energético es luz, y las almas se sienten atraídas por esa luz. El Dr. José Luis Cabouli, en su libro *Terapia de la Posesión espiritual*, explica:

> Los investigadores denominan el aura como campo bioeléctrico, ya que es el componente más físico del alma. Este campo bioeléctrico (aura) es un campo electromagnético y fotónico que se encuentra dentro y alrededor del cuerpo humano. Este campo bioeléctrico está en constante movimiento e interacción con lo que le rodea [...]. Los pensamientos y emociones del individuo lo transforman continuamente. Se nutre de pensamientos y emociones positivos y se daña con pensamientos y emociones negativas.

Es en esta aura magnética, o campo energético que rodea al físico, donde se adhiere el alma de la persona cuyo cuerpo murió y que, por algunas de las razones mencionadas antes, se queda en la dimensión terrestre. Puede ser que hayamos conocido a la persona antes de morir o no, que simplemente algo nuestro la atraiga, como una afinidad de gustos, amistad, actitud de compasión nuestra hacia quien murió, ser un familiar o... ¡simplemente pasábamos por ahí donde estaba vagando y vino con nosotros! Nos encuentran en hospitales, cementerios, hoteles, accidentes en la calle... Nos ven y «entran», tan simple como eso.

Es importante que tengamos nuestro campo energético fuerte para que no puedan entrar, ya que se aprovechan de los agujeros que, como queso gruyer, hacen permeable nuestra energía. ¿Cómo? Pues nutriéndolo de emociones positivas y teniendo la mayor cantidad de temas personales resueltos. Estando en paz, armonía y equilibrio con nosotros mismos, los demás y el medio ambiente. Esa es la mejor protección. Nada fácil, lo reconozco, pero tampoco imposible.

Las personas que trabajan en servicio al otro tienen un campo muy luminoso, además de una actitud compasiva que los hace muy atractivos para estas almas que andan perdidas y angustiadas. Imaginad un enfermo que muere solo en un hospital: al salir su alma del cuerpo, queda por los pasillos sin saber a dónde ir, y de repente pasa por ahí el médico que tan amable fue con él... ¿Qué haríais vosotros? ¡Ir con él, por supuesto!

Y una vez que entró, muchas veces le resulta muy difícil salir porque, como continúa explicando el Dr. Cabouli: «Puesto que este campo funciona también como un campo gravitatorio, con el tiempo, el alma perdida queda atrapada y le resulta difícil salir de allí, ya sea porque no tiene conciencia de dónde se encuentra o porque no dispone ni de la energía ni de la voluntad para hacerlo».

Cuando esta entidad entra en nuestra energía, normalmente no nos damos cuenta, pero al tiempo comenzamos a presentar ciertos síntomas que no nos pertenecen a nosotros, sino a ella. Podemos darnos cuenta de que hacemos o decimos cosas de repente con una sensación indefinida de «como si no fuera yo» o, incluso, presentar los síntomas de una enfermedad que no tenemos nosotros, sino que coinciden con la enfermedad que esta persona tenía al morir su cuerpo. También pueden provocar pequeños accidentes, como darnos un empujón o, peor, si su intención no es inofensiva; porque, como veremos, no todas las almas perdidas entran por casualidad o por no encontrar mejor lugar a donde ir, sino que pueden hacerlo a propósito por tener con nosotros algún tema pendiente de esta u otra vida, aunque nosotros no lo recordemos. Ya veremos más adelante qué sucede en estos casos; por ahora, sigamos con las almas que entran sin saber que, estando en nuestro campo energético, se perjudican ellas y nos hacen daño a nosotros, al consumir parte de nuestra energía o provocarnos emociones que no nos pertenecen.

Al acoplarse a nuestro campo energético, esa alma nos genera mucho cansancio y nos trasmite sus pensamientos, sensaciones y emociones (los que tenía justo cuando murió), y pasamos a ser como un «cuerpo con dos cabezas» (dos conciencias, en realidad). Estas almas perdidas acopladas a nuestro campo energético nos pueden impulsar a hacer determinadas cosas; pueden satisfacerse con lo que consumimos (comida, droga, alcohol, cigarrillos, sexo…) e incentivarnos a continuar haciéndolo. Por ello, tener alguna adicción nos hace más vulnerables a su accionar. Es muy lógico: si quieren fumar, entrarán en un fumador y tratarán de que no abandone el vicio, lo mismo si desean tomar alcohol o drogarse. Es lo más fácil para ellas. ¡Estarán perdidas, pero no son tontas!

Los niños tienen el campo energético muy débil, debido a que se está formando hasta alrededor de los siete años, y son los padres quienes, con su atención, los protegen energéticamente. Por ello son también presa muy fácil para estas entidades sin cuerpo. Mencioné en el Libro I de esta trilogía, *Sanar con vidas pasadas*, cómo «los amigos invisibles, monstruos en los roperos o debajo de la cama» pueden ser almas perdidas.

El científico Raúl Torres lo explica de esta manera en su libro *Universo cuántico*: «En ciertas circunstancias, el comportamiento de una persona se modifica por causas inexplicables. Existe la posibilidad de que ese cambio sea la consecuencia de una alteración generada por un campo de interferencia». Claro que puede referirse a diferentes tipos de «campos de interferencia»; pero, cuando un alma perdida está adherida a una persona, actúa como tal.

Recordemos que no tiene por qué ser toda el alma la que quede como alma perdida y luego se acople a otra persona actuando, en términos de Raúl Torres, como un «campo de interferencia»; con que sea solo un fragmento alcanza, ya que se comporta como un holograma, donde cada partecita contiene la información del todo. El alma no está confinada a una forma, tiempo y espacio como el cuerpo físico, puede estar en varios lugares y tiempos simultáneamente.

En una regresión las detectamos y ayudamos

Al guiar a una persona en una experiencia de regresión, dentro de la técnica psicoterapéutica denominada Terapia de Regresión a Vidas Pasadas con Orientación Chamánica, no siempre me encuentro con que su síntoma o dolencia esté ligado a una experiencia traumática de esta vida, vida pasada, nacimiento, etc. A veces se pueden estar manifestando sensaciones, pensamientos, emociones o hasta enfermedades...¡que no pertenecen al consultante! No tienen que ver con su historia, ni de esta vida ni de una anterior, sino que pertenecen a otro: a un alma perdida, como venimos viendo, o también a alguien que todavía no se murió, lo que se llama *energía de gente viva*, como la energía de una madre posesiva, una suegra celosa o un marido dominante, que invade nuestro campo energético, haciéndonos hacer cosas que no queremos o provocándonos dolores, miedos, trabas, etc. Dicho de otro modo, el «campo interferente» no necesita ser de una persona cuyo cuerpo ha muerto para poder «poseer» (más bien: «acoplar una partecita de su energía» al campo energético de otro.

También, como ya adelanté, hay que tener en cuenta que esta energía puede pertenecer no a una inocente alma perdida, sino a entidades con una intención determinada: molestar al dueño de casa. ¿Esto es posible? ¡Da miedo! Suena bastante impresionante, lo admito, pero no es para alarmarse. En la gran mayoría de los casos, no se trata de posesión de energías muy oscuras como se ve en las películas de exorcismo. No estoy negando que esto pueda llegar a existir si los exorcistas lo dicen, pero yo no he tenido ninguna experiencia con una energía así. Por lo general, las peores energías con las que podemos encontrarnos —y esto coincide con la opinión de muchos terapeutas de vidas pasadas y practicantes chamánicos que incluyen estos temas en su trabajo— son las que llamamos *esclavos de la oscuridad* o *fuerzas adversas*, que son energías que tratan de apartarnos de nuestro camino de evolución por orden de «la Oscuridad», y que han sido atrapados y obligados mediante engaños a trabajar para ella. Pero, en definitiva, son también seres de Luz, hijos de Dios, a quienes les podemos recordar su origen luminoso y ayudarlos así a liberarse de su esclavitud. De esta manera los describe el Dr. José Luis Cabouli: «Mientras vivamos en la dualidad, en la polaridad, algunos sintonizamos con la Luz y otros con la Oscuridad. Aquellos que se identifican con la Oscuridad se convierten en instrumentos de ella, sirven a su propósito y creen que obedecen a un mandato o a una fuerza superior. Así encontraremos que hay muchas entidades espirituales que dicen ser enviados o ser misioneros de la Oscuridad. El propósito básico de estos seres es interferir con la manifestación de la luz en la vida humana. Para eso ejercen su influencia en particular sobre aquellos mortales que procuran alcanzar la luz».

Pero no hablaremos de esto todavía, comenzaremos con las situaciones más habituales, donde la influencia está dada por el alma de gente que ha muerto y no pudo todavía ascender a la Luz, como vimos anteriormente; almas que no pudieron elevarse a la dimensión espiritual que les corresponde al morir su cuerpo: las almas perdidas. Y esto sí es habitual. Mucho más de lo que imagináis. Veamos...

Me pegaron un tiro en la espalda y sigue corriendo

Una vez un joven que estaba en recuperación, ya que había sido drogadicto, vino a verme porque, cada vez que quería dejar de consumir, «algo» lo impulsaba a comprar. Cuando lo guie en la regresión, descubrí que tenía adosada la energía (el alma) de un «chico de la calle» que había sido adicto a la droga y había muerto al intentar robar un auto. En la regresión, me comuniqué con el alma de este chico y, cuando le pregunté qué le había pasado, me contó:

—Yo estaba robando un auto y me persiguieron... salí corriendo, me pegaron un tiro en la espalda y seguí corriendo.

Fijaos que dijo: «y seguí corriendo». No se había dado cuenta de que su cuerpo había muerto a raíz del tiro en la espalda, ya que él estaba vivo. Y esto es lo más notorio, queridos lectores, lo que veremos repetido a lo largo de este libro: muerto el cuerpo, el alma sigue con vida, dentro o fuera de él. Y **la persona que se acaba de «morir» se siente con vida.** Esto no puede ser, sino por el hecho de que se identifica con su alma, no con su cuerpo, confirmando así, a mi entender, la teoría de que nuestra esencia es espiritual independientemente de qué cuerpo tengamos.

Este «chico de la calle», debido a lo preocupado que estaba en salir corriendo y escapar, no notó el impacto, no registró su muerte, solo siguió corriendo con su doble etérico... su alma siguió corriendo, él siguió corriendo, y no vio el cuerpo tirado ahí... Así fue como nunca vio la Luz, se quedó vagando, y tiempo después entró en el campo energético de mi paciente, que seguramente pasaba por algún lugar donde esta alma andaba perdida, con una vibración energética similar, al ser también él adicto a las drogas. Una vez «dentro», como su memoria lo incitaba a seguir consumiendo, inducía a mi paciente a hacerlo, satisfaciendo su adicción a través de su cuerpo. Ese chico era ese «algo» que lo inducía a comprar la droga, a pesar de que ya había decidido dejarla. Estas almas perdidas, muchas veces ni siquiera notan que «ese cuerpo» no es el suyo, reforzando con esto la noción de que nuestra identidad no reside en la dualidad cuerpo-alma.

¿Cómo hago para liberarme de un alma perdida adosada?

Es necesario hablar directamente con esta alma perdida. Recordad que tal vez ni sepa o no recuerde que su cuerpo murió, que no es el que cree que tiene ahora. Si ya reconoce que está muerta y que está en un cuerpo que no le pertenece, solo nos queda averiguar a qué se debe que se quedara acá en la tierra y entrara en este cuerpo, en lugar de elevarse. Debe darse cuenta de que, al estar en un cuerpo que no es el suyo, lo está dañando al tomar de su energía y, básicamente, produciéndole todos los síntomas que trajeron al paciente a la consulta. Una vez logrado esto, debemos convencerla de que vaya a la Luz. También puede ser que se la perciba en un lugar: una casa, un edificio, etc.

Como vemos, puede ser un trabajo muy simple si *ella* reconoce su verdadera condición y acepta su destino (la Luz), ¡o muy difícil si no quiere saber nada de cambiar de «hogar»!

Hablar con el alma perdida

Hablo con el alma perdida dentro del contexto de una regresión con orientación chamánica. Le digo al paciente que le preste su voz a la energía que está en su campo energético, que corra parte su conciencia a un lado y le preste su voz y cuerdas vocales a esa energía para que pueda comunicarse conmigo. El paciente escucha mi diálogo con el alma que tiene adosada, sin interferir, salvo que haga de intermediario entre ella y el terapeuta. Sería algo así: «A la cuenta de tres, vas a correr tu conciencia a un lado y a permitir que la energía que está contigo se exprese a través de tus cuerdas vocales para que pueda hablar conmigo». Y, dirigiéndome ahora a la energía, añadiría: «Seas quien seas quien esté en el campo energético de (digo el nombre de mi paciente), te pido que utilices sus cuerdas vocales para comunicarte conmigo; esta es tu oportunidad de hablar después de tanto tiempo... Uno... dos... tres... ¿Quién eres? ¿Cómo te llamas?». Y espero su respuesta para iniciar el diálogo.

¿Veis? Es muy simple. Le damos así la oportunidad a esta alma perdida de expresarse y liberarse. Fue así como ayudé a este chico que, según me dijo, tenía catorce años, a ascender a la Luz. No fue fácil convencerlo de que había un lugar mejor para él que ese cuerpo, era un «chico de la calle» que no había conocido el amor, nadie lo había tratado bien nunca; no había oído hablar de Dios, ni recordaba a sus padres. Necesité convencerlo de que la Luz era un lugar maravilloso, y para ello tuve que explicárselo de alguna manera que sonara creíble y, sobre todo, atractiva para él... ¡Más atractivo que la droga!, que era lo único «bueno» que había conocido. Le pregunté qué quería, qué le gustaba, si extrañaba a alguien..., pero nada mejor había conocido ese pobre chico, no podía ni imaginarse que algo bueno existiera... Solo quería «coca»... «¿Coca Cola?», le pregunté inocente, y se rio: «No... ¡cocaína!», me contestó divertido por mi ignorancia. Generalmente soy muy creativa y generosa describiendo las bondades del «Cielo» para convencer a las almas de ir…, pero prometerle que iba a tener toda la «coca» que quisiera… ¡me pareció un poco osado! Después de mucho intentarlo, me creyó cuando le dije que alguien bueno lo iba a recibir ahí y que lo iban a tratar bien. Logré que deseara estar mejor y allí pudo ver la Luz; unos ángeles lo tomaron de la mano y ascendió.

Así lo hacemos con la técnica de regresiones de esta orientación, que incluye el tema de almas perdidas en su práctica: haciendo que el paciente preste su voz y cuerdas vocales para que el alma adosada se pueda expresar. Pero, sobre todo, recordando que esta energía es alguien que también necesita ayuda, por eso siempre le hablamos con amor, paciencia y respeto, aunque con firmeza. También invocamos la ayuda de los Seres de Luz y, cuando es necesario, la del arcángel Miguel y su ejército de ángeles, como explicaré más adelante.

3

Quedarse con la familia

La mayoría de las veces, las almas que se quedan perdidas tienden a acoplar su energía al campo energético de algún familiar, amigo o alguien con quien ya existiera un lazo energético antes de la muerte del cuerpo físico. Las razones por las que estas almas no ascienden a la Luz pueden ser varias, como vimos anteriormente, pero normalmente es porque desean quedar cerca de su familia o amigos. Se quedan por apego a lo conocido, para cuidar a quien dejaron o, por el contrario, porque es su familia la apegada a ellas.

Cuando sus familiares, o seres queridos en general, piden a quienes murieron que se queden, que no partan, que no los abandonen (ya sea que se lo trasmitan con su actitud —llanto, tristeza, sensación de desvalimiento, apego, etc.— o lo expresen explícitamente), no se dan cuenta del perjuicio que ocasionan. No es mala intención, es fruto del dolor de la pérdida, claro. Y normalmente ni nos damos cuenta de que los estamos reteniendo. Para minimizar este peligro, es mejor saber que no debemos reclamarles nada: ni ayuda, ni las cuentas pendientes. Las almas no pueden hacer demasiado por nosotros desde acá, desde el plano terrestre. Solo las estamos reteniendo, distrayéndolas en su camino de transición. Para poder ayudarnos, necesitan antes partir a la Luz. Y para eso necesitamos liberarlas y liberarnos nosotros también.

Por lo menos estoy

Óscar acudió a mi consulta porque tenía, desde hacía un tiempo, unas sensaciones que sentía que «no eran de él», sueños extraños por la noche y mucho cansancio durante el día. Yo los identificaba como síntomas típicos de quien tiene un alma perdida en su campo energético, así que lo guie en una relajación profunda para tratar de identificar si la razón de sus síntomas era la que yo sospechaba. Comencé como siempre, guiando al paciente a una relajación profunda para que entrara en estados expandidos de conciencia, realizando un conteo descendente para que pudiera llegar a la experiencia que su alma necesitaba trabajar para su sanación:

—Diez, nueve, ocho…, yendo a la experiencia responsable de estas sensaciones… Siete, seis, cinco…, a la experiencia que tu alma ya decidió trabajar hoy acá para tu sanación… Cuatro, tres…, más y más profundo… Dos, uno…, estás ahí, ¿qué estás experimentando? ¿Qué sensaciones y emociones tienes? Di lo primero que te aparezca…

—Siento un espacio blanco, luminoso…

—¿Te puedes percibir estando ahí?

—Sí…, soy como actualmente.

—¿Qué haces ahí?

—Camino como en una especie de estación de tren, subte…

—¿Qué sientes?

—Tranquilidad…

—¿Puedes percibir si hay alguna energía interfiriendo en tu campo energético? Si hay alguien ahí, le pido que se manifieste a través de las cuerdas vocales de Óscar. ¿Hay alguien ahí? Le voy a pedir que se manifieste a la cuenta de tres: uno, dos, tres.

—Me viene la imagen de mi abuela.

—Voy a hablar con tu abuela a través de tus cuerdas vocales para que exprese lo que necesite expresar. —Dirigiéndome a la abuela—: ¿Cuál es tu nombre?

Abuela hablando a través de Óscar:

—Rosa.

—¿Qué pasó con tu cuerpo, Rosa? ¿Cuándo moriste?

—Hace pocos años.

—¿Qué te pasó?

—Estaba viejita…

—¿Qué pasó con tu alma cuando murió tu cuerpo? A la cuenta de tres vas a recordar todo: uno, dos, tres. Estás ahí, en el momento que muere tu cuerpo, ¿qué está pasando?

—Estoy en la clínica… Estoy quieta, ya no puedo seguir…

—¿Qué le pasa a tu cuerpo?

—Muero.

—¿Qué sucede cuando mueres?

—Nada…, me veo de arriba.

—¿Y qué haces? ¿Qué piensas?

—Nada…, no pasa nada en especial…, que quedo por ahí…

—¿Óscar estaba por ahí? —Lo pregunté para averiguar cuándo entró.

—No en ese momento; él estuvo ahí acompañándome… un poco antes de mi muerte, pero cerca del final…, y me habló al oído… Me dijo que no me aferre más…, que parta.

—¿Esto te ayudó?

—Supongo que tenía razón.

—¿Le hiciste caso? ¿Qué hiciste?

—Morí.

—¿Y qué hiciste para morir?

—Nada, dejé que fueran las cosas como venían…

—Entonces, ¿qué sucede cuando te das cuenta de que muere tu cuerpo? ¿Viste una Luz?

—No.

—Entonces, ¿qué hiciste, qué sentiste?

—No siento nada más... Me acuerdo de ir separándome...

—¿Cómo es ese proceso?

—Mi hija está ahí... Me parece que hay alguien más... Están ahí, me miran y yo los miro desde arriba.

—¿Miran tu cuerpo?

—Sí.

—¿Qué te trasmiten con la mirada?

—No veo sus ojos, pero parecen estar calmados y aceptando el momento.

—¿Qué sientes?

—Un poco de tristeza.

—¿Qué te hace sentir tristeza?

—Que no ven que sigo estando —Recordad, ella se sentía viva, porque su alma siempre lo está.

—¿Te gustaría decirles algo?

—No, quisiera estar con ellos...

—¿Qué haces para estar con ellos?

—Me veo caminando por la casa de mi hija... No siento que haga nada, simplemente estoy.

—¿Cómo te sientes?

—Bien. La veo, pero no me ve, no sabe que estoy.

—¿Qué sientes cuando ella no te ve y no sabe que estás?

—Nada, es así, pero al menos estoy.

—¿Permaneces mucho tiempo ahí? ¿Cómo llegaste al campo energético de Óscar? Para recordarlo, a la cuenta de tres vas a ir a instantes antes de entrar en el campo energético de Óscar. Uno, dos, tres—. Estás ahí, ¿qué estás experimentando?

—Cuando él me habla al oído (antes de morir)..., él no sabe que lo estoy oyendo aunque esté dormida... Es el único que es capaz de hablarme...

—Entonces, ¿tú qué haces?

—Tengo miedo a la muerte, probablemente me aferré mucho, supongo que no quiero partir.

—¿Te aferras a Óscar?

—No sé si solo me aferro a Óscar, a mi hija también, ¿puede ser?

—¿Cómo lo haces?

—Voy un poco con cada uno…, pero no creo estar molestando…

—Sin embargo, entras en su campo energético y les trasmites tus emociones y sensaciones, y están más cansados… En lugar de eso, podrías ir a un lugar donde serías capaz de seguir en contacto con ellos, el plano de la Luz, y continuar con tu evolución. Es el plano donde van las almas cuando desencarnan, ya que el terrestre es para los que tienen cuerpo… Tal vez hasta puedas tener otro cuerpo para volver a la tierra en otro momento si quieres… ¿Qué sientes?

—Yo sé que tengo que partir, siento resignación, sé que no puedo hacer nada más acá…

—Entonces, te voy a ayudar para que busques un túnel de luz muy brillante que te viene a buscar… Le pedimos a Dios Madre-Padre que envíe su rayo de luz… ¿Puedes ver la Luz?

—Sí.

—¿Necesitas decir algo antes de partir o que te ayudemos de alguna manera?

—No necesito nada… Es como un capricho.

—¿Qué es como un capricho?

—Estar acá… —Rosa lloraba.

—Libera esa tristeza para poder partir más libre… —Seguía llorando—. ¿Necesitas decir algo?

—Gracias. —Se lo decía a Óscar.

—Óscar, ¿quieres decirle algo a Rosa?

—Sí, que está todo bien. Siempre va a estar en mi recuerdo.

—Eso es, cuando estés lista para ir a la Luz, avísame. ¿Estás partiendo ya?

—Sí —dijo Rosa.

—Llévate toda tu energía del campo energético de Óscar y de tu hija... y avísame cuando hayas llegado a la Luz.

—Ya está.

—Muy bien. Óscar, ahora vas a traer tu conciencia de vuelta a tu cuerpo físico. Elige un color para envolverte mientras armonizo tu campo energético... y vas a repetir: «Está totalmente prohibido entrar en mi campo energético porque yo soy yo, y en mi cuerpo y en mi vida solo mando yo porque yo soy yo».

Él lo repitió tres veces, y luego yo «sellé» su campo energético con la cruz cabalística. Finalicé, como siempre, con una armonización y con la orden de que regresara a su conciencia habitual en su cuerpo físico en la fecha de ese día.

Desde aquel momento, Óscar dejó de tener esas extrañas sensaciones, que en realidad pertenecían a su abuela (sueños extraños y cansancio, que eran el resultado de tener una energía extraña acoplada a su campo energético). Y el alma de su abuela encontró el descanso.

En este caso, pudimos comprender la importancia de la despedida y la necesidad de disipar los temores de quien está por partir. Podéis pensar: «Pero si Óscar hizo lo correcto al decirle que no se aferrara a la vida, ¿por qué "se le pegó" el alma de la abuela? ¿Nos puede pasar? ¿No hay garantía en este trabajo?». Pues no, ¡no la hay! ¿Sabéis quiénes son blanco perfecto de almas que temen partir? No solo los médicos y enfermeras en los hospitales, como ya dijimos, también los terapeutas, sanadores, asistentes sociales, parientes o amigos que se hayan hecho cargo, etc. Justamente por su bondad y vocación de servicio irradian mucha luz y eso es muy atractivo para las almas que no saben a dónde ir. Además, ya fueron amables con ellos al cuidarlos en vida y sienten que ahí van a estar bien. La mejor protección, aunque nunca es garantía, es tener nuestras defensas emocionales bien altas, cuidar de no tener una actitud de «vengan todos conmigo que yo los voy a ayudar» —o sea, el rol del rescatador— y, sobre todo, no dejar «agujeros abiertos en nuestro campo energético» producidos por heridas del alma no sanadas.

Las miraba dormir...

Cecilia, de treinta años, vino a verme porque sentía una gran angustia y mucho cansancio que no podía explicar.

Comenzamos la regresión como siempre, recostada con los ojos cerrados, y la guie en una relajación para que su alma se pudiera expresar, habiendo aflojado el control del cuerpo y la mente, al tiempo que le sugería que fuera «al origen de esa angustia y el cansancio...».

Entonces, empezó a hablar:

—Veo la cara de mi mamá... —Su madre había fallecido cuando ella tenía trece años—. Está acá conmigo...

—¿Cómo se llama tu mamá?

—Valeria.

—Valeria, ¿qué estás haciendo acá con Cecilia?

Valeria respondió a través de Cecilia:

—Protegiéndola.

—¿De qué la estás protegiendo?

—De que no le pase nada.

—¿Desde cuándo estás con Cecilia? Sé que te moriste cuando ella tenía trece años. —Como no respondía, añadí—: Vamos a hacer un ejercicio de memoria y te voy a llevar al momento de tu muerte. ¿Quieres?

—Sí.

—A la cuenta de tres vas a ir al momento de tu muerte. —Muy lentamente—: Uno, dos, tres. ¿Qué estás experimentando?

—Me desmayé.

—¿Dónde estás cuando te desmayas?

—En la cocina.

—¿Qué le pasa a tu cuerpo? ¿A qué se debe que te desmayaras? ¿Tenías alguna enfermedad?

—No —Empezó a llorar—. Las chicas...

—¿Qué pasa, Valeria?

—Mis hijas... se quedan solas... —Seguía llorando.

—¿Qué decisión tomas cuando te desmayas? ¿Haces algo para que no queden solas?

—... No me acuerdo... —dijo llorando todavía—. Me estoy riendo con una amiga..., me desmayo..., y no me acuerdo más... Caigo al suelo..., me golpeo... contra el piso..., me veo desde arriba...

—¿Qué sientes cuando te ves desde arriba en el piso?

Sin dejar de llorar en ningún momento, continuó:

—Angustia.

—¿Cómo está tu cuerpo?

—¡Muerto!

—¿Qué hiciste después de que muriera tu cuerpo? ¿A dónde fuiste?

—Me quedé en el departamento con las chicas.

—¿Y qué hacías?

—Las miraba dormir.

—¿Y qué sentías?

—¡Tristeza porque las había abandonado!

—¿Y qué hiciste?

—Las protejo —El llanto no cesaba.

—¿Qué haces para protegerlas?

—Me quedé con ellas.

—Pero ahora ya están grandes, pasaron muchos años y son adultas..., y vos, al no tener tu cuerpo, necesitas energía de otras personas como estás ahora junto a Cecilia, y ella se siente cansada y con una angustia que no le pertenece, sin darte cuenta le pasas tu angustia, tu tristeza… No puedes quedarte en este plano físico, necesitas ir a la Luz y ayudarlas desde allá. ¿Puedes entenderlo? ¿Y puedes confiar en que Cecilia ya es grande y puede seguir sola su camino?

—Sí…, ahora sí… —Volvió a llorar.

—¿Hay algo que le quieras decir antes de partir? Despídete, dile todo lo que no le pudiste decir en ese momento… Y Cecilia, ¿puedes decirle a tu mamá lo que necesites decirle y despedirte de ella?

—Ambas lloraron y se despidieron.

—Valeria, ¿estás lista para partir?

—Sí.

—Ahora fíjate cómo un rayo de luz viene del universo, de la fuente de Dios Madre-Padre…, y le pedimos que te reciba en su hogar, que ya estás lista para partir… Le pedimos que envíe a sus ángeles a buscarte… y tú quitas toda tu energía del campo vibratorio de Cecilia y la llevas toda hacia la Luz… ¿Puedes hacerlo?

—Sí. Ya llegué.

—¿Cómo te sientes ahí?

—Bien. —Entonces le pregunté a Cecilia—: ¿Pudiste ver partir a tu madre?

—Sí.

—¿Cómo te sientes?

—Mejor.

—Elige un color para envolverte, ¿qué color eliges?

—Blanco.

—Siente cómo la vibración del color blanco te envuelve completamente por dentro y por fuera… […], ocupando todos los espacios de tu cuerpo con tu propia energía… y así volverás a tu conciencia en tu cuerpo en este día […], trayendo todo lo que necesitas y mereces. Uno, dos, tres.

Para Cecilia fue una experiencia muy emotiva de reencuentro con su madre y a la vez muy liberadora. Ya no sintió la angustia ni el cansancio y agradeció mucho haber podido despedirse.

Es bastante comprensible que una madre quiera quedarse a cuidar a sus hijos y que los hijos le pidan protección, pero el alma necesita ir a la Luz y desde la dimensión espiritual también puede cuidarlos. Hemos podido observar cómo las almas normalmente no recuerdan cómo fue la muerte de su cuerpo y cómo, utilizando la técnica de regresión, podemos hacerles revivir el momento; o sea, le hacemos una regresión al alma perdida para que sea consciente de lo que le sucedió, de lo que no pudo ser consciente al morir porque su atención estaba con otras preocupaciones. Es en ese momento cuando viene la Luz que no pudo ver y, al revivir el evento, la ve y sube con ella hasta la Fuente. Hay que recordarle, además, que se lleve consigo toda su energía, que recupere todas las «partecitas de su alma» que puedan andar dispersas por ahí.

4

El alma de un desconocido

Para que un alma se «nos pegue», no hace falta que nos conozca; son las que llamamos «oportunistas». Sencillamente pasábamos por ahí, donde ellas andaban vagando, vieron la «puerta abierta» (por alguna debilidad de nuestro campo energético) y simplemente «entraron».

Debo decir que los budistas afirman que ninguna energía que no tenga alguna afinidad con nosotros, que no tenga que ver con nuestro karma o que nuestra vibración no atraiga de alguna manera, se nos va a pegar. Será así seguramente, pero a veces es muy sutil la conexión y podríamos conocerla solo desde el conjunto de todas nuestras vidas; no puedo asegurarlo, pero, de todas maneras, no es necesario saberlo para pedirle que se vaya.

Ella come y me hace engordar a mí...

Una alumna del curso de formación en Terapia de Regresión a Vidas Pasadas con Orientación Chamánica, a quien llamaremos Anastasia, quiso trabajar (en la regresión de práctica que hacen los alumnos entre sí durante el curso) los «kilos de más» que le costaba bajar. Una compañera, asistida por mí, fue la terapeuta:

—Anastasia, cuéntame, ¿qué tienes ganas de trabajar hoy?

—Quiero saber por qué me cuesta tanto adelgazar, por qué no puedo dejar de comer.

—¿Qué sientes cuando no puedes dejar de comer?

—Necesidad de llenarme…, aunque esté llena…

—A la cuenta de tres vas a ir a la experiencia responsable de necesitar llenarte aunque estés llena. Uno, dos, tres. Estás ahí, ¿qué estás experimentando?

—Estoy en una casa, dentro de una habitación, con las puertas cerradas, no me veo, siento que estoy dentro, pienso que estoy ahí, veo solamente esa puerta, veo que me da miedo traspasarla, no sé por qué no quiero pasarla…

—Y, si supieras, ¿a qué se debe que tengas miedo de traspasar esa puerta?

—Porque alguien me va a hacer daño.

—¿Qué haces dentro de esa habitación?

—Me parece que estoy encerrada, algo me encerró ahí.

—Vas a ir, a la cuenta de tres, a momentos antes de estar encerrada en esa habitación con miedo. Uno, dos, tres. Estás ahí, ¿qué estás experimentando?

—Todo, todo negro, hay mucha oscuridad.

—¿Estás adentro de la habitación o todavía no?

—No.

—¿Estás sola?

—Sí, estoy sola.

—¿Cuáles son tus sensaciones? ¿Qué sientes?

—Desconcierto.

—Y, si supieras, ¿a qué se debe este desconcierto?

—Porque no sé si estoy viva o estoy muerta.

—A la cuenta de tres vas a ir al momento de la muerte de ese cuerpo… y ahí te va a ser perfectamente claro. Uno, dos, tres. Estás ahí, ¿qué estás experimentando?

—Estoy en un hospital... Me estoy muriendo... Soy... soy una vieja, pero me parece que no soy yo, es una señora muy mayor que se está muriendo en el hospital, pero no sé si soy yo.

En estos casos, el terapeuta debe darse cuenta de que la persona que comienza la regresión (aparentemente reviviendo una vida anterior), en un momento dado, percibe que «no es a ella a quien le está ocurriendo todo eso». Ello significa que, muy probablemente, no sea su experiencia, sino la de un alma que tenía adosada. Entonces, debe cambiarse la estrategia de abordaje:

—Y, si supieras, ¿esa persona que estás viendo, eres tú o está en tu campo energético?

—Yo no soy.

—Ahora le vas a prestar a esa señora tus cuerdas vocales a ver si puede hablar a través de ti, corriendo parte de tu conciencia a un lado para que yo pueda hablar con ella.

—Está muy enojada.

—A la cuenta de tres, sea quien sea que está en el campo energético de Anastasia, se va a poder expresar a través de sus cuerdas vocales para poder hablar conmigo... Uno, dos, tres. ¿Cómo te llamas?

—Cora.

—¿Qué te pasó? ¿Por qué estás cerca de Anastasia? ¿Qué te está pasando?

—Mi familia me internó en un geriátrico, me querían sacar de encima, estoy muy enojada, me robaron todo.

—¿Qué relación tiene Anastasia con esto que te pasó? ¿En qué momento te acercaste a ella?

—No sé.

—¿Estás cerca de ella ahora, estás en el campo energético de Anastasia?

—Creo que sí.

—¿A qué se debe que estés acá?

—No me acuerdo.

—A la cuenta de tres vas a ir a momentos antes de estar en el campo energético de Anastasia y antes de que muriese tu cuerpo, cuando estabas internada en el hospital, y vas a recordar todo muy claramente. Uno, dos, tres. Estás ahí, ¿qué estás experimentando?

—Vuelvo a ver todo, todo negro. Primero me encerraron en esa habitación en mi casa, se fueron y me dejaron para que me muriera, taparon los muros de la habitación y me dejaron para que me muriera.

—¿Estabas viva cuando te dejaron?

—Sí, era una casa vieja y me morí ahí. Anastasia fue a mostrar esa casa para venderla y ahí me metí adentro de ella. —Efectivamente, Anastasia trabajaba en una inmobiliaria.

—Vas a ir a momentos antes de que te encerraran en esa habitación, de que muriera tu cuerpo en esa vida, para sentir cómo fuiste muriendo. Uno, dos, tres. Estás ahí, ¿qué estás experimentando?

—Había una enfermera que me cuidaba, pero era muy mala, muy mala… Me pegaba, me sacaba las cosas, no me hacía nada, no me bañaba, me daba como cosas para que me fuera muriendo de a poco se ve… No sé, cada vez estaba más cansada, muy cansada, casi no me podía levantar, casi no me daba de comer, tenía mucha hambre… Me daba pastillas y me ponía inyecciones y me iba dejando morir hasta que no me pude levantar más y me quedé en la cama.

—A la cuenta de tres vas a ir al momento en que tu cuerpo se muere. Uno, dos, tres. Estás ahí, ¿qué estás experimentando?

—Me duele mucho la panza de hambre, tengo mucha hambre, tengo mucha hambre y empiezo… empiezo… Casi no puedo ni hablar, pero empiezo a llamar a la enfermera, me siento muy mal, tengo ganas de vomitar de hambre. Que me traiga algo… cualquier cosa, ¡que por favor me traiga algo! Pero no viene, se hace la idiota, le grito, la llamo, intento como puedo levantarme, pero no puedo, me mareo, me mareo, me duele mucho la panza, tengo náuseas. Viene y me da una inyección y me quedo dormida.

—¿Cómo está tu corazón?

—No sé…, en realidad, como que empiezo a dormirme… Me parece que estoy dormida, no me doy cuenta…

—Sientes que estás dormida, no te das cuenta, pero tu alma sabe. ¿Cómo están los pulmones? ¿Están respirando o ya están quietos?

—No se mueven.

—¿Tu cuerpo está vivo o muerto?

—Está muerto.

—Cuando se muere tu cuerpo, ¿qué haces?

—Nada, no sé que me morí. —Se refería a lo que realmente sucedió en ese momento, en que no se había dado cuenta de que estaba muerta porque se fue durmiendo.

—¿Sigues al lado del cuerpo? ¿Te vas para otro lado? ¿Ves la Luz?

—Quiero ir a buscar a la enfermera, quiero ir a la cocina a buscar comida, tengo hambre, quiero comer. —Como vemos, no importaba que su cuerpo ya estuviera muerto: murió con hambre y seguía sintiendo hambre. Y es que, como hemos venido diciendo, cuando morimos permanecen con nosotros las emociones y sensaciones que teníamos justo antes.

—¿Ves a la enfermera en la cocina?

—Sí, está comiendo y se está riendo, se mata de risa, y la quiero… la quiero agarrar de los pelos…, pero no puedo, no sé, no puedo.

—¿Y qué sientes al no poder agarrarla de los pelos?

—¡Tengo mucha rabia porque ella está comiendo ahí y yo tengo hambre, me estoy muriendo de hambre y no me da nada de comer!… ¡¿Cuánto te pagaron?! ¡Te estás comiendo toda la comida y a mí no me das nada! ¡¿No me traes nada hace cuánto?! ¡¿Qué te pasa, qué te pasa?! ¡¡¡Dame de comer, hazme algo de comer, yo te estoy pagando, dame, dame, dame, dame algo de comer, tengo hambre!!!

—¿Qué hace la enfermera? ¿Te oye?

—Sigue comiendo.

—¿Qué sientes cuando la enfermera no hace nada?

—Tengo ganas de patear las cosas... Empiezo, me parece, a patear las cosas. Empiezo a revolear los platos, los vasos, pero no los puedo agarrar... No, no sé.

—¿Y qué hiciste?

—Me quedé ahí, no fui a ningún lado, me quedé en la casa, me quedé en la casa, me quedé en la casa... La enfermera se fue y, cuando ella se fue, salí a caminar por la casa, y cuando volví no estaba más mi cuerpo en la cama.

—¿Qué sentiste cuando viste que tu cuerpo no estaba?

—No entendía nada, no sé, pero igual andaba y caminaba por la casa. Después pusieron la casa en venta y ahí vino Anastasia. Vino a mostrarle la casa a un matrimonio.

—¿A qué se debe que entraras en su campo energético?

—Anastasia estaba débil, estaba triste, y el matrimonio estaba fuerte.

—¿Qué te permitió entrar?

—Ella estaba triste, como muy débil, no tenía luz, estaba oscura.

—¿Qué sentiste?

—Que podía entrar ahí.

—¿Para qué querías entrar ahí? ¿Qué sentido tenía que entraras?

—Para comer.

—¿Para comer qué?

—Comida.

—¿Pensabas que a través de ella podías comer?

—Sí.

—¿Qué sentías cuando Anastasia comía?

—Estaba rico, por lo menos comía, no me mataban de hambre.

—¿Sigues al lado de ella?

—Sí.

—¿Disfrutas cada vez que ella come?

—Sí, y la hago comer más...

—Puedes ir a la Luz en vez de quedarte pegada al campo energético de Anastasia, y volver en otro cuerpo, si quieres, para comer por ti misma, no usar el cuerpo de ella para comer.

—Pero tengo hambre.

—En el Cielo no vas a tener hambre, te van a tratar bien, te van a querer, vas a tener todo el amor y la comprensión que no tenías en ese cuarto oscuro, quieta y triste. Te están esperando Seres de Luz para recibirte, tus seres queridos, amigos.

—Pero Anastasia se va a quedar sola.

—Ella ya no te necesita, podemos preguntarle qué opina. —A Anastasia, que escuchaba toda la conversación—: Anastasia, ¿necesitas que Cora se quede a cuidarte?

—¡No! Que se vaya a comer a otro lado, porque ella come y me hace engordar a mí. Yo no tengo ganas de comer, pero tengo hambre; tengo ganas de comer, me empiezo a sentir mal si no como, empiezo a descomponerme, tengo ganas de vomitar, eso es lo que yo siento.

—Explícale a Cora que ya se puede ir tranquila a la Luz con sus seres queridos, que ya cumplió su función a tu lado, que no la necesitas más.

—Cora, te puedes ir, ve hacia la Luz, allá hay comida. Yo no tengo ganas de comer, no quiero sentirme más mal. Si estás conmigo, haces que yo tenga ganas de vomitar; cada vez que como, me siento mal. Vete a la Luz, hazme caso, vas a ver que está bueno.

—¿Qué te dice?

—Es medio desconfiada.

—¿Por qué motivo, Cora, no te quieres ir a la Luz?

—Tengo rabia, en realidad me quiero vengar.

—¿De quién te quieres vengar?

—De mis parientes y la enfermera.

—¿Piensas que, quedándote en el cuerpo de Anastasia, vas a poder vengarte?

—Sí.

—¿De qué manera puedes vengarte a través de Anastasia? Me parece que la única que te perjudicas eres tú misma. ¿Ella tiene algo que ver con tu familia?

—No, ella pasó por la casa, pero estando con ella me los puedo encontrar y ahí les puedo hacer algo.

—¿No se te ocurre alguna otra forma de encontrarte con ellos? ¿Qué pasaría si vas a la Luz y vuelves a nacer en otro cuerpo, no para vengarte, sino realmente encontrarlos desde otro lugar? —Este argumento fue utilizado solo para que ella accediera a ir a la Luz y dejara el cuerpo de Anastasia. Una vez en la Fuente, los Seres de Luz son quienes se encargan de hacer lo que corresponda.

—Tengo rabia, tengo rabia, tengo mucha rabia, me metieron ahí, me hicieron morir de hambre y ahora me tengo que ir.

—Vas a ir al momento en que te hicieron morir de hambre, que no te dejaron comer, y vas a empezar a hacer todo lo que no pudiste hacer en ese momento. Yo te voy a poner el almohadón y le vas a decir a la enfermera y a tus parientes que no te están dejando comer, que no te traen la comida. Háblales y diles todo lo que sientas, sácate toda la rabia, haz todo lo que no pudiste hacer en ese momento, así te podrás ir tranquila a la Luz.

Empezó a pegarle al almohadón que le alcancé y a gritar:

—¿Por qué me dejaron ahí tirada, me dejaron morir de hambre, no me daban comida, me ponían inyecciones, me daban pastillas, me hacían vomitar todo el tiempo? ¿Qué les hice yo? Solo para quedarse con la casa de mierda, lo único que les importaba era la plata, la casa, y me hacían a mí morir de hambre, me pusieron esa estúpida tarada que se comía todo y a mí no me daba nada... ¡Los voy... los voy a perseguir, van a ver, ya me tengo que vengar! —Cambiando el tono de voz—: No, no, no, no, no, pero de Anastasia no me tengo que vengar...

—Date cuenta que Anastasia no tiene la culpa, no es la enfermera, sácate de encima a toda tu familia que no te quiso y a la enfermera, sácatelos para siempre, libérate de ellos y le vamos a pedir que te devuelvan toda la energía que te robaron. ¡Uno, dos, tres! —Tiró el almohadón—. ¡Ahí está! La mejor venganza es que estés bien, libérate y ve hacia la Luz, tranquila, sabiendo que todo eso ya pasó y quedó en esa vida. Puedes ir tranquila a la Luz, ya sin todas esas cosas que te están perjudicando a ti en vez de perjudicarlos a ellos. ¿Estás lista para ir a la Luz? ¿La puedes ver? ¿Ves el túnel de luz?

—Como que siento que sube algo para arriba de mi cuerpo...

—Cora, anda tranquila, vamos a pedirle a Dios Madre-Padre y a todos los Seres de Luz que te vengan a recibir y que te acompañen en este camino para poder estar tranquila. ¿Necesitas que te ayude a subir de alguna manera?

—Un poquito, porque como que ahí me quedé parada en el techo.

—¿Qué sientes? ¿Dónde está la Luz? ¿La ves? ¿Sientes algo?

—Como que el techo no me deja ver la Luz.

—Vamos a pedir a Dios Madre-Padre que envíe su rayo de luz para que vengan a buscar a su hija que está sola, perdida y abandonada. Vamos a abrir el techo, lo sacamos, sacamos las tejas, sacamos todo y se hace un agujero en el medio y puedes ver cómo vienen a buscarte. ¿Puedes ver el agujero que hay en el techo?

—No, se abre una ventana de costado.

—Llama a la Luz...

—Está entrando adentro de mi cuerpo y yo estoy arriba.

—¿Te rodea la Luz?

—Estoy tratando de bajar a la Luz, ya estoy llegando.

—Avísame cuando hayas llegado a la Luz.

—Me acerco, pero como… como que no puedo.

—¿Qué te impide acercarte del todo a la Luz?

—No sé, se me cierra la ventana y no puedo salir, me siento atrapada ahí dentro.

—Si supieras, ¿a qué se debe que te sientas atrapada? ¿Qué te faltó terminar en esa vida?

—Parece que falta que me devuelvan toda la energía que me quitaron y que me pidan perdón.

—Dile a la enfermera y a todos tus parientes que te devuelvan toda la energía que te quitaron. Diles: «Os exijo que me devolváis toda la energía que me sacasteis».

—Os exijo que me devolváis toda la energía que me sacasteis, toda, toda. Devolvedme todo lo que me sacasteis: la enfermera, mis nietos, mis hijos, todos. Todos los que me robasteis toda la energía, dádmela de nuevo.

—¿Sientes que te la devolvieron?

—Sí.

—¿Ahora te sientes tranquila?

—Sí.

—Quita toda tu energía de esa vida, de ese cuerpo, de la casa, de la enfermera, de tus hijos, de tus nietos, de Anastasia, de todo, deja todo ahí. ¿Estás lista para ir a la Luz?

—Me tienen que pedir perdón por lo que me hicieron y quiero saber por qué me hicieron eso, por qué me encerraron ahí.

—Llama a su alma y pregúntale. —Aquí se dio una conexión y un diálogo real de alma a alma con su familia.

—¿Por qué me encerrasteis y me dejasteis morir de hambre y me dejasteis ahí siempre sola, con esa mujer? ¿Qué os hice? ¿Por qué no veníais a visitarme?

—¿Qué te contestan? ¿Qué te dicen?

—Que necesitaban plata, querían vender la casa y yo no me moría nunca. Que era muy avara, no les daba nada. Por eso tuvieron que hacerlo.

—¿Sientes que eras avara?

—Sí, si les hubiera dado, ellos no hubieran actuado así.

—¿Estás tranquila?

—Sí.

—¿Puedes ir a la Luz? ¿La ves? ¿Sientes que te viene a buscar? Avísame cuando hayas llegado.

—Ya está.

—Anastasia, elige un color para envolverte. ¿Qué color eliges?

—Amarillo.

—Envuélvete profundamente en el color amarillo, siente que te va rodeando, que se va metiendo en cada parte de tu cuerpo y, a medida que el color amarillo se va procesando en tu interior, van saliendo todos los residuos de esta experiencia, vas ocupando con tu propia luz los espacios antes ocupados por otras energías... y vas quedando limpia y vas borrando todo esto que pasó. Ahora, envuelta en el color amarillo, proyecta una imagen de cómo te gustaría verte de ahora en adelante. Vas a repetir esto: «Yo soy yo y en mi vida y en mi cuerpo solo mando yo, porque yo soy yo. Y está totalmente prohibido volver a entrar en mi campo energético; porque yo soy yo, y en mi vida y en mi cuerpo solo mando yo. Porque yo soy yo. —Anastasia lo repitió—. Eso es. Ahora, lentamente, comienza a regresar, volviendo a este lugar envuelta en el color amarillo, donde está tu cuerpo protegido por el color amarillo, tomando una respiración profunda. Cuando abras los ojos, eso hará que regreses aquí a tu conciencia física habitual en este día, en tu cuerpo como Anastasia, sintiéndote calmada, tranquila, serena y en profundo bienestar. Uno, dos tres.

Unos días después de la regresión, que fue registrada con su grabadora, Anastasia comentó: «¡La voz de Cora no era la mía! Al oír la grabación sentía la voz de una vieja; eso es lo que vi (en la regresión), una señora canosa muy mayor, corpulenta, con voz ronca diferente a la mía. Y en ese momento es cuando empecé a engordar veinticinco kilos».

Como podemos observar, es importante tener nuestros asuntos lo más resueltos posible, no dejarnos llevar por las emociones negativas, de tristeza, ira, envidia, celos o angustia por demasiado tiempo, ya que debilitan nuestro campo energético. Se hacen «agujeros en el aura», por los que fácilmente entran otras energías y se acoplan, aumentando con ello la entrada a otras más, y debilitándonos. Estas emociones negativas también bajan nuestro nivel vibratorio y atraemos entidades de niveles energéticos más densos, que se alimentan de ellas, y luego las fomentan, creándose así un círculo vicioso.

Un niño asustado...

Un día vino a verme Pedro, un joven ejecutivo, que me contó:

—Desde que volví de un viaje tengo muchas pesadillas, me despierto muy angustiado, se me cierra la garganta... Es ridículo, nunca me había pasado algo así. Si me despierto a la noche, después no puedo dormir. ¿Hay algo que se pueda hacer? Anoche soñé que algo se abalanzaba sobre mí, una especie de sombra negra, al punto que me desperté al menos dos veces. ¿Será algo malo? Dicen que en los hoteles pueden quedar energías de cosas que pasaron...

Es común tener este tipo de sensaciones cuando uno tiene un alma adosada en el campo energético. De todos modos, no por ser una pesadilla significa que sea una entidad oscura o que nos quiera dañar. Veamos quién vino con Pedro desde quién sabe dónde... y cuál es su triste historia.

Al comenzar la regresión, recostado en el diván con los ojos cerrados, lo guie en una relajación y en un conteo descendente para llevarlo a la experiencia que su alma necesitaba trabajar para su sanación; la experiencia responsable de que sintiera que algo se abalanzaba sobre él (haciendo referencia a su sueño), que es otra manera de comenzar una regresión. Pedro empezó a mover el cuerpo, cruzando brazos y piernas y negando con la cabeza. Sospechando que podría estar manifestándose una entidad, le dije:

—A la cuenta de tres te voy a preguntar tu nombre. Uno, dos, tres. ¿Cómo te llamas? ¿Quién está ahí? Te escucho. —Esperé un rato—. ¿No quieres hablar? —Negó con la cabeza—. ¿A qué se debe que no quieras hablar? No te resistas... —Movió todo el cuerpo como inquieto y expresión de enojado—. ¿Estás enojado? —Cara seria. Boca cerrada como de «caprichito». Tosió, se le cerraba la garganta—. ¿Qué está pasando? —Movía todo el cuerpo..., hacía gestos, tosía, se ahogaba... y tosía de nuevo—. ¿Qué está pasando ahora? —Volvió a toser, como si algo le apretara la garganta—. Ahora vas a hablar conmigo. ¿Cómo te llamas? —El cuerpo de Pedro hacía gestos como un chiquito enojado, cruzándose de brazos, frunciendo la cara y moviendo las piernas inquieto—. ¿Te moriste hace mucho tiempo? Yo te voy a hacer acordar: tu cuerpo se murió... ¡Deja las piernas quietas! —Le hablé con firmeza para que me prestara atención, como si retara a un niño travieso, ya que se comportaba de ese modo, y continué—: Tu cuerpo se murió... En algún momento después, entraste en el cuerpo de Pedro... A la cuenta de tres vas a ir al momento de la muerte de tu cuerpo. ¡Quédate quieto, así te puedes concentrar! Uno, dos..., al último cuerpo que tuviste... —Cara de llanto—. ¿Qué fue lo que sucedió?

—No sé... —Con una voz infantil.

—¿Sientes que eres un niño o una persona grande? —Hizo gestos con la mano—. ¿Eres chiquito? ¿Cuántos años tienes? —Con los dedos mostró nueve años—. ¿Mujer o varón? —Hizo el gesto de no saberlo—. No sabes... ¿Cómo te llamas? —Se movía mucho, se reía—. No te acuerdas... ¿Qué te pasó cuando te moriste? Vamos a hacer un juego de memoria... A la cuenta de tres, vas a imaginar que te metes por una escalera para abajo, como un cuento; vas a imaginar que bajas y, cuando llegue al uno, vas a llegar a un lugar donde te vas a acordar de qué te pasó. Diez, baja la escalerita... Nueve, ocho, siete, seis, cinco, cuatro, tres, dos, uno..., bajaste la escalerita. Ahora abres una puerta y ves lo que le pasó a tu cuerpo. ¿Qué te está pasando? —Empezó a llorar, se apretaba la garganta—. ¿Quién te ahorca? ¿No lo sabes? —Tosió—. ¿Qué te está pasando? —Se puso triste. Movía el cuerpo y se retorcía—. ¿Qué tienes?

—Miedo...

—¿De qué tienes miedo? —Se dio vuelta hacia mí, poniéndose de costado, y me agarró la mano—. ¿De qué tienes miedo?

—Estoy solo.

—¿Dónde estás solo? —Me agarró más fuerte—. Háblame... —Tosió y le golpeé la espalda para que largara mejor—. Tu cuerpo se murió...

Entonces tocó el cuerpo de Pedro con cara de asombro y se dio cuenta de que no era el suyo.

— ¡Oh, oh!...

—¿El cuerpo de quién es? ¿Es tuyo o de Pedro? —Lo seguía tocando; la cara, la frente—. ¿De quién es ese cuerpo? No es tuyo. —Gesto de negación con la cabeza—. Estás en un cuerpo que no es tuyo... —Hizo un gesto con la cara de incredulidad, como si estuviera diciendo una tontería—. No tienes cuerpo, eres espíritu..., ¿no es cierto? —Afirmó con la cabeza y se rio cuando le dije que hacía mímicas como un payaso... Siguió tosiendo—. Te voy a sacar lo que te está haciendo toser. —Le saqué energía de la garganta con técnicas chamánicas de sanación—. ¿Tienes algo atravesado en la garganta? ¿Lo estoy agarrando? ¿Quieres que te arregle la garganta, que le pase energía? —Hizo que sí con la cabeza y le pasé energía a la garganta para sanarla—. Ya pasó todo eso, estoy curando esa garganta... ¿Quieres que rece algo para ir a la Luz? ¿Qué necesitas? ¿Está tu mamá?... ¿Dónde está tu mamá? ¿Y tu papá? —Indicó que no lo sabía—. Vamos a coser la garganta... —Con hilo energético de oro y plata, suturé la herida—. ¿Está mejor?

—Sí —indicó con gesto de alivio y tono de niño.

—¿Ya puedes hablar?

—Sí.

—¿Cómo te llamas?

—Pappapa... pa...

—¿Con «pa» empieza tu nombre?

—Sí.

—¿Cuántos años tienes?

—Nueve... Estoy solo...

—¿Quieres que llamemos a tu mamá y tu papá?

—No.

—¿Por qué?

—Porque estoy contigo.

—No tienes que estar conmigo, tienes que ir a un lugar mejor... ¿Te gustaría un lugar con muchos juegos? ¿Qué te gustaría? —Siempre hay que presentar el Cielo, la Luz, como algo atractivo al alma, para que quiera ir.

—Una novia...

—Bueno, yo voy a llamar a la Luz y les voy a decir que en la Luz te preparen una novia..., ¿quieres?

—Como tú...

—No, como yo no... Yo no estoy en la Luz... Ahí vas a tener muchas novias para elegir... Ahora vas a dejar el cuerpo de Pedro porque con ese cuerpo no puedes ir a ese lugar donde hay muchas novias... Vas a ver una luz... —Se dio la vuelta para el otro lado mirando la pared—. Estás muy caprichoso. Si te comportas así, no voy a conseguirte esas novias... Están en un lugar arriba... ¿Oíste hablar de Jesús? ¿Qué religión tienes? —Hizo una cruz con los dedos—. ¿La religión católica? Bien... Jesús tiene preparado un lugar especial para ti con muchos juegos, muchas novias... y Él está arriba... ¿Puedes ver arriba? Es un lugar perfecto...Te pido, Jesús, que envíes tu rayo de luz para venir a buscar a tu hijo que tiene nueve años. Te pido que envíes tus ángeles para venir a buscar a tu hijo... ¿Está viniendo? ¿Sí? ¿Sientes que viene? —Gesto afirmativo—. ¿Puedes ver la Luz? Deja de lado todos los recuerdos de tu vida pasada, desprende tu energía del cuerpo de Pedro..., llévala a la Luz...

Una vez que se elevó (hecho que Pedro pudo constatar ya que normalmente, en la regresión, el paciente puede también «ver»), le dije a Pedro que regresara a su conciencia física habitual, no sin antes envolverlo en la vibración de un color elegido por él, y diciéndole que cubriera con la luz de su alma los espacios antes ocupados por esa energía, y haciéndole repetir que declare firmemente que estaba totalmente prohibido para cualquier entidad entrar en su campo energético.

5

¿Cuándo se nos pueden «pegar»?

En líneas generales, debería afirmar que las almas perdidas pueden entrar en nuestro campo energético en cualquier momento y en cualquier lugar. Pero es bueno saber que algunos momentos de nuestra vida, o algunos espacios por donde podemos circular, parecen ser más propicios que otros. A estas alturas ya vimos algunos ejemplos, solo es cuestión de sentido común, de sabiduría popular:

- Lugares en que ha habido un holocausto, guerras o accidentes, donde muchas personas pueden haber encontrado la muerte sorpresivamente o en situaciones de padecimiento extremo, lo que las confunde a la hora de darse cuenta de qué sucedió.
- También donde se suelen depositar sus cuerpos, como los cementerios o iglesias. De hecho, hace poco una alumna me comentó que el hijito de una amiga, al visitar por primera vez un cementerio en un entierro familiar, le dijo a la madre: «No sé por qué dicen que acá están los muertos, si todos entran y salen de las tumbas».
- Por otro lado, es esperable que una persona dominada por un vicio, si al morir su alma no se eleva por alguna razón, busque alojarse en alguien que le permita continuar con su adicción y que

la busque donde solía ir (hoteles de alojamiento, prostíbulos, casinos, etc.), por eso, se pueden «pegar» a cualquiera que vaya allí.

- Asimismo, en lugares como los hospitales, donde las almas suelen intentar «pegarse» no solo a quienes las han ayudado antes, sino también a algún paciente internado o que esté en el quirófano, con sus defensas energéticas bajas debido a su propia enfermedad o a la anestesia misma, como le sucedió a una paciente mía que, a la edad de diecisiete años, mientras se estaba practicando un aborto en una clínica, otra chica de su misma edad entró en su campo energético. Haciendo la regresión, nos enteramos de que había muerto haciéndose un aborto en ese mismo lugar y que su alma había quedado debajo de la camilla, por lo que se pegó luego a mi paciente. Estaba furiosa porque ella no había sobrevivido y la otra sí. Era una manera de «seguir viva».

- Además de todas estas situaciones que en sí mismas conllevan riesgos, las almas perdidas pueden estar en cualquier lado y «venir con nosotros» de un viaje, un hotel, un teatro, una casa vieja (sobre todo si hubo alguna muerte sospechosa como suicidio o asesinato), un accidente callejero, etc. Los lugares por donde pasa mucha gente son propicios para encontrar energías que todavía «vagan por ahí»… ¡Y ni qué hablar de las viejas ciudades con generaciones de muertes y renacimientos, guerras y pasiones…! ¡Siglos de civilización en cada rincón!

Las posibilidades son muchas y, por más que vivamos aislados en una burbuja, no estamos a salvo, porque incluso ¡pueden venir de una vida anterior! Ya hablaremos de ello un poco más adelante. Sea como sea, la mejor defensa es tener nuestro campo energético fuerte, vibrando alto. Y para ello, lo mejor es sostener emociones positivas y sentirnos en paz y en nuestro centro, lo cual se logra con un nivel de conciencia lo más evolucionado posible.

Ahora quiero contaros una historia de un alma perdida que entró en un hospital en un momento muy particular...

Nací con ella

Isabel quería saber por qué últimamente andaba con miedo, se sentía también como perdida, a veces mareada... Se había hecho ver por los médicos y no tenía nada que lo justificara, pero la situación empeoraba cada día y se acentuaban las pesadillas de las cuales se despertaba con mucha angustia.

Luego de decirle que se recostara cómodamente y cerrara los ojos, y de guiarla en una relajación profunda para expandir su conciencia y que pudiera así percibir cuál era la causa de su malestar, le dije:

—A la cuenta de tres, vas a ir a esa experiencia, a la experiencia responsable de tus mareos, pesadillas, angustias, y me vas a decir todo lo que estás experimentando, sea lo que sea, no tienes que estar segura de nada. Uno, dos, tres. ¿Qué estás experimentando?

—Me aparece el nombre «María»... y veo, delante de mí, la imagen de una mujer joven...

—Si supieras, ¿esta mujer joven está ahora contigo acá o es de una experiencia en otro momento?

—Está conmigo acá.

—Entonces, vas a correr parte de tu conciencia a un lado para que me pueda comunicar con María, a quien le vas a prestar tus cuerdas vocales para que pueda expresarse. A la cuenta de tres, María, vas a hablar conmigo. Uno, dos, tres. María, ¿qué estás haciendo en el campo energético de Isabel?

—No sé... —respondió María.

—¿Hace mucho que estás ahí?

—Nací con ella.

—¿Cómo es eso de que naciste con ella?

—Entré cuando ella estaba naciendo... Yo estaba ahí y entré. Crecimos juntas. No me acuerdo más. Es como que siempre estuve en este cuerpo... También es mío, me parece... No sé, estoy confundida ahora...

—Ahora yo te voy a hacer acordar. A la cuenta de tres, vas a ir al momento en que murió el último cuerpo que tuviste, tu cuerpo como María. Uno, dos, tres. Estás ahí, ¿qué estás experimentando? ¿Qué le pasó a tu cuerpo? ¿Qué puedes recordar? Dime lo primero que te aparezca...

—Estoy en una ventana.

—Eso es, ¿dónde estás?

—Apoyada en una ventana.

—Eso es, sigue...

—Como en una pared con un ventanal muy grande, es de día, entra mucha luz, sol.

—Eso es, ¿qué haces ahí?

—Es un pasillo, como un hospital.

—Eso es, sigue... ¿Dónde está tu cuerpo? ¿Tu cuerpo ya murió, o no?

—No, yo estoy ahí apoyada en la ventana, agarrándome, sosteniéndome, y tengo mucho miedo.

—¿Qué te está pasando? ¿A qué se debe que tengas miedo?

—No sé quién soy.

—¿A qué se debe que no sepas quién eres? ¿Perdiste la memoria por algo?

—Estoy en un hospital, me parece que es un hospital psiquiátrico.

—Eso es. ¿Entonces tienes una enfermedad psíquica? ¿Esa enfermedad no te permite saber quién eres?

—Estoy ahí agarrada, aferrada, pero no veo nada.

—¿Y si supieras? ¿Dónde estabas antes de estar en ese hospital?

—Yo estaba ahí, llegué ahí, me estoy escondiendo.

—¿De quién te estás escondiendo?

—Estoy enferma de la cabeza, me escapé.

—¿De dónde te escapaste?

—De mi casa, mi familia. Del susto me voy a morir ahora... ¡Me van a encontrar! ¡¡¡Me van a encontrar!!! —Empezó a llorar—. Si me encuentran... No sé quién soy, no me puedo acordar... ¿Quién soy? ¿Qué me pasa? ¡Tengo mucho miedo! ¿Quién soy? ¡No sé quién soy! ¡No reconozco a nadie! No reconozco esa cara, no sé quién soy. ¿Por qué no me puedo acordar de quién soy? ¡No me puedo acordar de quién soy! Tengo mucho miedo, mucho miedo.

—Libera todo ese miedo, sácalo...

—Me llevan a algún lugar, me tratan con cariño, pero no sé quiénes son.

—Eso es, sigue...

—Quiero conocer a alguien, quiero saber quién soy. Tengo mucho miedo. Me llevan a una casa. Me abrazan, pero yo no los conozco, no sé dónde estoy. No se dan cuenta de que... Que tengo mucho miedo, tengo más miedo que antes. Me abrazan y no se dan cuenta de que tengo mucho miedo, estoy paralizada.

—Sigue, deja salir todo ese miedo, sigue...

—Me dan algo para tomar —llorando—. Quiero saber quién soy...

—Ahora, a la cuenta de tres, vas a ir al momento de la muerte de tu cuerpo... Uno, dos, tres. Estás ahí, ¿qué estás experimentando? —Empezó a toser y a agitarse.

—¿Qué le está pasando a tu cuerpo?

—¡¡¡Me ahorqué!!! —Llora—. ¡Me morí sin saber quién soy! ¡¡¡Ay, no!!! ¿Por qué, por qué? ¡Me morí sin saber quién soy! ¡Ay, ay, ay!

—¿Qué pasa contigo cuando muere tu cuerpo?

—Yo le quiero preguntar quién soy a alguien que me escuche...

—¿A quién le preguntas?

—A la familia que está ahí.

—¿Esa familia te escucha?

—No.

—Y si supieras, ¿a qué se debe que no te escuche?

—No sé, no los conozco.

—¿Dónde está tu cuerpo?

—No sé, lo veo desde arriba.

—Eso es. ¿Qué es lo que ves desde arriba?

—Mi cuerpo.

—Cuando ves tu cuerpo, ¿tu cuerpo está vivo o está muerto?

—Muerto.

—Entonces, una vez que tu cuerpo se murió, vas a fijarte en que hay una Luz muy blanca que viene a buscarte para ir a tu verdadero hogar; ahí vas a saber quién eres. Ahí va a haber unos seres muy sabios que te van a dar la respuesta. ¿Quieres ir a verlos y preguntarles a ellos?

—Sí.

—Te pido, Dios Madre-Padre, que vengas a buscar a tu hija María, que quiere regresar al hogar. Te pido que envíes a tus ángeles custodios para que la vengan a buscar. ¿Puedes ver la Luz?

—Sí.

—Cuando llegues a ella, avísame. Asciende a la Luz, quita toda tu energía del cuerpo y del campo energético de Isabel. ¿Puedes hacerlo? Que no quede nada, tienes que liberarla completamente de tu energía. Lleva toda tu energía hacia la Luz, que allí van a saber quién eres… ¿Puedes hacerlo? ¿Qué está pasando?

—Estoy experimentando mi muerte. Cuando me acuestan en la cama, la Luz entra por la ventana y me atraviesa. Ahí estoy, por la cabeza, todo sale por la cabeza. Me cuesta mucho, mucho, tengo miedo de dejar esa cabeza perdida.

—No tengas miedo. ¿Quieres ir a la Luz? Entonces sigue. ¿Quieres saber quién eres? Entonces sigue, sigue avanzando. No te detengas.

Muy bien, sigue, sigue avanzando. No te detengas, sigue avanzando, vas muy bien. Sigue, saca toda tu energía de ahí, no tengas miedo, que no quede nada. No tienes que dejar nada en ese cuerpo que no sabe quién es ni tampoco en el cuerpo de Isabel. Sácalo todo y llévalo a la Luz, absolutamente todo a la Luz, que ahí vas a descubrir quién eres y vas a tener todo lo que necesitas. ¿Puedes hacerlo?

—Sí.

—Bien. Cuéntame lo que está pasando.

—Estoy ascendiendo...

—Eso es, sigue ascendiendo.

—Una mitad sube, la otra mitad no puede. La mitad del cuerpo para abajo no puede.

—¿Dónde dejaste esa energía que no puede ascender?

—En las piernas.

—Sácala, llévala contigo. ¿Puedes sacarla? Yo te voy a ayudar con mis manos... ¿Puedes sacarla? Cuéntame qué está pasando.

—Asciendo...

—Eso es. Siente cómo asciendes y toda tu energía va a la Luz. Eso es... Sigue ascendiendo.

—Se está quedando dura.

—¿Quién se está quedando dura?

—¡Yo, Isabel! —gritó esta.

—¿Qué pasó con María?

—¡Ay, no sé...!

—¿Llegó a la Luz?

—Ayúdame, por favor, me voy a desmayar. ¡No me dejes desmayar por favor!

—¿Dónde estás?

—Acá.

—¿Quién se va a desmayar? —No sabía si me hablaba Isabel o María.

—¡¡Yo!! ¡No puedo mover las manos! —Era Isabel.

—Tranquila, eso es por la hiperventilación. Respira profundo, exhala profundo, tranquila. Siente cómo tu cuerpo se afloja, se relaja, eso es... Te vas aflojando y relajando. Eso es, ¿cómo estás? ¿Qué va pasando?

—No siento las manos.

—Si supieras, ¿hay alguna otra energía que esté en las manos?

—En la punta de los dedos.

—¿Hay alguna energía en la punta de los dedos?

—Mucha.

—¿Hay algún alma que esté ahí? ¿Hay algo más que esté en tu cuerpo energético?

—Un peso muy grande.

—¿Dónde sientes ese peso?

—En las manos y acá.

—¿Y qué es eso que tienes ahí?

—Algo atorado en las manos.

—¿Y qué es eso? ¿Qué es lo que tienes ahí? ¿Como si fuera qué?

—Mucha vibración que no es mía.

—¿A quién pertenece esa vibración, tal vez a María?

—Sí.

—Dile a María que quite toda su energía de ti, de tu cuerpo.

—¡Déjame en paz!

—Dile a María que quite toda esa vibración de tu cuerpo. Tal vez le resulta difícil porque nació contigo, pero tiene que sacarla.

— ¡Déjame!

—Eso es, dile que te deje, que la lleve a la Luz. Ve hacia la Luz, María, que allá vas a estar mucho mejor...

—¡Deja mis manos, por favor, libera mis manos, ve hacia la Luz! Tengo mucho miedo de que te quedes acá, por favor, libera mis manos...

—No tienes que tener miedo porque con el miedo le das poder a ella. Tienes poder sobre tu propio cuerpo. Repite conmigo: «Yo soy yo, y en mi vida y en mi cuerpo solo mando yo porque yo soy yo». —Lo repitió tres veces—. Así que te ordeno, María, que en este momento salgas de mi cuerpo energético. ¡Ahora! ¡Ya! Está totalmente prohibido volver a entrar en mi cuerpo energético, colgarse de mí o acercarse a mí. —Isabel repitió lo que yo le decía—. Y ahora vas a llamar al arcángel Miguel para que te ayude. Llámalo: «Arcángel Miguel, ata con cordones de luz cósmica toda la energía de María y sácala de mi cuerpo y mi campo energético ahora». —Lo dijo tres veces.

—No se liberan las manos.

—Suéltala tú, libérala, tal vez la estás agarrando, yo te voy a ayudar, abre las manos, suéltala, corta la energía de ella.

—¡Vete, María, por favor!

—Imagina delante de ti un canal de luz y sopla la energía de María, siente que la liberas y la soplas a ese canal de luz. Sacude las manos, sácate esa energía, sácala de tu cuerpo, saca la energía de María de tu cuerpo. Eso es. Pide la vibración de la luz violeta para que te envuelva e imagina delante de ti una gran espiral de luz violeta y espirales violetas en las palmas de tus manos. Imagina que, cuando pasas las manos por tu cuerpo, actúan como ventosas para sacar la energía de María y enviarla a la Luz. Eso es, siente cómo estás limpiando tu campo energético. Saca todo eso, toda la energía de María, no te quedes nada, sigue, sácalo todo. Límpiate completamente. Te estás sacando la vibración de María con la luz de color violeta y la estás enviando a la Luz. No quieres saber nada más de todo eso, sácalo completamente de ti. Eso es, ¿sientes que salió? ¿Sacaste todo?

—Sí —¡Al fin!

—Muy bien. Ahora elige un color para armonizarte y regresar a tu conciencia física habitual...

Tal vez el miedo de Isabel, la confusión de María o que hubieran estado juntas desde el comienzo de la vida de Isabel... No sabemos qué hizo tan difícil que ambas se desprendieran, pero fue una buena muestra, bien surtida, de las herramientas que podemos utilizar en estas ocasiones. Y sobre todo una: ¡Mucha paciencia!

6

Fantasmas

Cuando a estas almas perdidas las percibimos no en nuestro campo energético, sino que las «vemos» o sentimos «dando vueltas por ahí» (en una casa, normalmente), les damos la denominación común de *fantasmas, aparecidos, espectros, espíritus,* etc. Si estas apariciones (a las cuales hay quien es más sensible que otros y las capta con mayor facilidad) no pudieron ascender a la Luz, entran dentro de la categoría de almas perdidas con sus diferentes variantes y grados, como iremos viendo. No es lo mismo la aparición de la Virgen o de un ángel, o incluso de un ser querido fallecido que pudo ascender a la Luz, pero viene a darnos algún mensaje, que ver o sentir pasar un «fantasma». Ambos pueden ser vistos o sentidos, ambos son espíritus, pero la diferencia es si viene de la Luz o todavía no ascendió. En este último caso, hay que ayudarlo. En este capítulo veremos cómo lo hacemos en la Terapia de Regresión a Vidas Pasadas con Orientación Chamánica.

Algunas personas vienen a la consulta porque dicen ver, percibir o incluso sentir que los tocan, que los agarran del brazo, de una pierna, que les tironean la ropa... Algunos pueden percibir la forma, otros ven «algo que pasa», otros les ven los ojos y del susto imaginan demonios... Muchos ya están acostumbrados y no les afecta, a otros les hacen la vida imposible en su propia casa... «¿Qué es eso?», se preguntan. «¿Se puede hacer algo?»; «¿Tengo que "limpiar" la casa?». Muchos llaman a curas y monjas para que se las «limpien» con agua bendita, otros a chamanes o a gente que se especializa en el tema. Todo eso está muy bien. Yo conozco varios métodos para hacerlo, desde los más chamánicos a los más católicos y todos son útiles, pero tenemos que ser cautos porque hay «todo tipo de energías». No debemos asustarnos, pero tampoco ignorarlo.

Muchísimas veces son simplemente almas perdidas que necesitan ayuda para ascender a la Luz. Están enojadas, asustadas e inconscientes de su verdadero estado. Es por eso que, antes de ir a «limpiar» la casa, prefiero utilizar la metodología habitual: le digo a la persona que me consulta que quiero trabajar con ella primero y, si se anima, debe ofrecerse como intermediario entre ese «fantasma» y yo; debe prestarle su cuerpo para que se pueda expresar. Es lo mismo que venimos viendo en todo este Libro III, con la única diferencia de que el paciente no lo trae adosado. Bueno, en realidad, si está en su casa y molesta a su familia, ya hay una conexión importante, pero es algo distinto a lo visto hasta ahora. Le digo que prefiero hablar personalmente con el fantasma, así puedo ayudarlo más fácilmente a ascender a la Luz. Quiero evitar cometer el error de «echarlo» de ahí por un tiempo, enojarlo, pero no ayudarlo. Además, si no se va a la Luz, puede volver o ir a molestar a otro. Tal vez con otras técnicas exorcísticas se logre lo mismo, pero no creo que sean necesarias si el alma perdida no es un «Ser Maligno de la Oscuridad», y normalmente no es ese el caso.

El Fantasma en la casa... ¡¿Dónde estamos haciendo el curso de Formación en Regresiones?!

Alina se preparaba para hacer su regresión de práctica con su compañera de curso, estando yo de supervisora y una terapeuta ya graduada de asistente. Comentó que quería trabajar un tema relacionado con su dificultad para concretar proyectos, pero apenas cerró los ojos comenzó a percibir una energía en el mismo salón donde estábamos realizando la práctica, así que decidí conectarnos con esa energía a través de Alina, para poder mostrarles a los alumnos cómo se puede trabajar con almas perdidas que no estén adheridas en el campo energético de la persona que consulta. Se trabaja de la misma manera que venimos haciéndolo hasta ahora: simplemente, la persona que hace la regresión se comunica mentalmente con el fantasma y le pregunta qué le pasa, qué necesita, qué hace ahí. Apenas el fantasma entra en contacto con el paciente, ya el terapeuta comienza a hablar con él diciéndole que puede expresarse a través de las cuerdas vocales, de la voz, del paciente (en este caso de Alina).

Ese fantasma era un hombre de unos sesenta años, según lo describió ella, y estaba como enojado, dando vueltas entre la habitación donde estábamos nosotros y un jardín que había al lado (el salón donde estábamos dando el curso era el antiguo *living* de la casa y tenía salida al jardín). El fantasma accedió a comunicarse con nosotros y comenzó a hablar utilizando las cuerdas vocales de Alina, explicando qué le estaba pasando. Empezó diciendo que «había más gente en la casa», era toda una familia quien vivía en la casa en ese entonces. Dijo que él estaba enojado, discutiendo con otro hombre que estaba arreglando el jardín y que le estaba gritando:

—¿Qué te dice?

—No sé, estoy tan enojado que no oigo… ¡Ay! ¡Me pegó con una pala en la cabeza!

—¿Qué sientes?

—Me duele la cabeza, me late mucho el corazón.

—¿Qué le pasa a tu corazón?

—Late muy fuerte, parece que va a explotar… ¡Me duele el pecho! —Con voz quejosa—: ¡Ayyy! ¡Ayyy…!

—¿Qué le pasó a tu cuerpo?

—Casi no lo siento… Él cree que estoy muerto…

—¿Tu corazón late? ¿Qué le pasó a tu cuerpo?

—Está tirado.

—¿Lo estás viendo de afuera?

—Sí, está tirado.

—¿Está vivo o está muerto?

—Está muerto…

—Sé consciente de que ese cuerpo ya se murió, quita toda tu energía de ese cuerpo y también de esta casa para que puedas ir a la Luz, regresar al hogar…

—Yo ya estoy en mi casa.

—Sí, pero no estás en tu cuerpo, estás en el lugar de los vivos y tu cuerpo ya se murió…

—Pero es mi casa, yo me quiero quedar acá. Ellos se querían quedar con la casa, por eso me mataron…

—Sí, yo sé que esta era tu casa cuando estabas vivo, cuando tu cuerpo estaba vivo, pero tu cuerpo ahora se murió y acá viven otras personas. Tienes que comprender que necesitas dejar esta casa y partir a la Luz donde van todas las almas cuando dejan su cuerpo, donde te van a recibir tus seres queridos, que ya no están aquí…

—¿Y cómo sé que es verdad? Me estás mintiendo.

—Voy a llamar a la Luz para que tú mismo lo puedas ver. Te pido, Dios Madre-Padre, que envíes tu rayo de luz para venir a buscar a tu hijo, que está perdido y que ya es tiempo de que regrese al hogar… ¿Puedes ver la Luz que te viene a buscar?

—Sí.

—¿Puedes ver a tus seres queridos que te están esperando?

—Sí… Ya me quiero ir…

—¿Cuál es tu nombre?

—Santiago.

—Te pido humildemente, Dios Madre-Padre, que envíes tu rayo de luz para venir a buscar a tu hijo Santiago, que ya está listo para volver a casa... ¿Estás en la Luz?

—Sí, es muy lindo acá...

—¿Pudiste ver, Alina, si Santiago ya pudo partir?

—Sí.

—Entonces ahora, Alina, elige un color para envolverte. ¿Qué color eliges?

—Verde.

Hicimos la armonización como de costumbre, para que no quedara nada de la energía de ese fantasma en su campo energético y pudiera regresar a su conciencia física habitual en ese día.

En una casa antigua de la zona de Palermo, donde nos encontrábamos en esa ocasión, a nadie asombra que pueda haber fantasmas..., pero no hace falta que sea una construcción vieja, ya que el lugar, por más que haya sido demolido o reformado, también tiene su historia y muchas de las personas que pasaron por ahí al morir sus cuerpos pueden haber quedado donde habían vivido, porque no se querían ir o porque no se dieron cuenta de que están muertas. A estas alturas del libro, ya nadie se sorprende por ello, ¿verdad? Lo importante es no tenerles miedo, son simplemente almas que necesitan ayuda para ir a la Luz.

7

Energía de gente viva

La energía de gente viva (o sea, de aquellos cuyo cuerpo está vivo, como nosotros) también puede entrar en nuestro campo energético y afectarnos. En Terapia de Regresión a Vidas Pasadas con Orientación Chamánica la tratamos igual que al alma perdida de una persona que murió, con la diferencia obvia de que, una vez detectada la energía y luego de haberla convencido de que salga del campo energético del paciente, no la enviamos a la Luz, sino de regreso a su propio cuerpo. Recordemos que el alma o la energía de una persona no está circunscripta al cuerpo físico aunque estemos encarnados (de hecho, podemos perder fragmentos de nuestra energía en situaciones traumáticas), por eso cualquier persona puede «invadir» a otra con su energía, como veremos a continuación:

Simón vino a mi consulta porque tenía dificultades con los negocios que emprendía. Se sentía trabado y angustiado. Al llevarlo al origen de su problema, trabajamos primero una experiencia en una vida anterior, pero, casi al finalizar la regresión, le pregunté:

—¿Hay algo más que necesites hacer?

—Se aparece la cara de mi padre, pero no está muerto.

—¿Qué pasa con tu padre? ¿Hay parte de su energía acá?

—Dice que quisiera vivir su vida a través de la mía.

—Entonces, ¿qué hace?

—Dice que siente envidia.

—A la cuenta de tres, si esa energía de tu padre puede hablar a través de tus cuerdas vocales, se va a expresar a través de ti. —Dirigiéndome a su padre—: ¿A qué se debe que quieras vivir tu vida a través de Simón? ¿Cómo te llamas?

—Rodolfo —respondió el padre a través del cuerpo de su hijo.

—¿A qué se debe que tengas parte de tu energía en su campo energético?

—No me animé.

—¿A qué?

—A vivir cosas que quería vivir.

—¿Entonces?

—Veo que él puede...

—Pero, por lo que me dijo, él está muy trabado, muy angustiado.

—Yo lo hice.

—¿Qué hiciste?

—Trabarlo.

—¿Para qué?

—Porque no podía soportar que él pudiera y yo no.

—¿Cómo lo trabaste? ¿Qué hiciste?

—Le quité su confianza.

—¿De qué manera lo hiciste?

—Reprobándolo.

—¿Cómo está él ahora? ¿Te das cuenta de lo que le pasa?

—Sí.

—¿Qué le está pasando?

—Lo trabé y se perdió.

—¿Qué te gustaría hacer ahora? ¿Te parece que es momento de dejarlo en paz y que cada uno viva su propia vida?

—Sí —Empezó a llorar.

—¿Te parece que es momento de retirar tu energía de su campo energético?

—Sí. Lo estoy haciendo.

—Simón, saca toda la energía de tu padre de tu cuerpo. —La sacamos con técnicas chamánicas de extracción energética—. ¿Necesitas decirle algo a tu padre?

Simón dijo, llorando también:

—Te perdono. Yo sé que me quieres a pesar de todo... Me siento mejor... —Me dijo a mí—: ¡Quiero que me suelte, que ya no me moleste...!

—¿Sacó toda su energía?

—Sí

—¿Cómo te sientes ahora?

—Mucho mejor. ¡Me libero y te libero...! ¡Está totalmente prohibido volver a entrar en mi campo energético! —Repetido tres veces.

—Ahora vas a elegir un color para envolverte... ¿Qué color eliges? —Simón eligió un color e hice una armonización para que regresara a su conciencia física habitual y abriera los ojos.

Si esto os parece raro, os diré que, lamentablemente, es usual. Algunas personas, por envidia, celos o cualquier otro motivo, «invaden» el campo energético de otra. ¡Es parte de la vida! Invadir, dejarnos invadir, abusar, ser abusados, manipular al otro con el pretexto de ayudarlo... Repetiremos estos patrones de comportamiento hasta que un día podamos salir de esta rueda viciosa y trascender estos tres roles básicos: víctima-victimario-rescatador (explicados en el libro I, *Sanar con vidas pasadas*). ¿Qué hay que hacer? Aprender a vivir cada uno con su energía, no envidiar, no dominar, no controlar, no dejarnos manipular... ¡Vivir y dejar vivir! Y los padres: dar protección, atención y amor a sus hijos cuando son pequeños y están todavía en proceso de formar su campo energético protector. Y el mejor legado: la autoconfianza.

Una «parte» nuestra puede irse con otro

Como veíamos con las almas perdidas, la energía de alguien todavía vivo en nuestro campo energético no necesita ser de un conocido, puede ser también de un completo desconocido. «¿Cómo es esto posible? ¿Cómo es posible que, estando vivos, nuestra alma salga? ¿Y por qué lo haría? ¿No muere el cuerpo cuando el alma se va?», os preguntaréis. Ya vimos en la historia de Simón cómo su padre, por envidia, «envió» parte de su energía para dominar a su hijo, para trabarlo en sus proyectos. A esta experiencia, hasta podríamos darle una explicación psicológica si quisiéramos, pero ¿qué tenemos para decir de un extraño que, sin una intención particular, «entra» en el campo energético de alguien que simplemente «andaba por ahí»?

En las experiencias cercanas a la muerte, en cirugías o también cuando dormimos, el alma puede «escaparse» por momentos de la limitación de la materia (es lo que llamamos *salirse del cuerpo*). Pero hasta que no se corte el cordón de plata (la unión del cuerpo con el alma), podemos regresar. Muchas veces, esta capacidad del alma de «salirse» del cuerpo es aprovechada por nosotros, sin darnos cuenta, para evadirnos de alguna situación de sufrimiento, ya que al «irnos» sufrimos menos porque no estamos ahí donde el cuerpo sufre. En estos casos, no sale toda el alma, sino solo una parte. A primera vista, parecería un buen mecanismo de defensa; el problema es que, de tanto «escapar», terminamos acostumbrándonos a no atravesar las experiencias, a evadirnos de los problemas en lugar de resolverlos y aprender. Además, no tenemos el control consciente de este mecanismo, así que muchas veces no sabemos a dónde fue esa parte de nosotros que «salió» ni si regresó al pasar la situación dolorosa, y nos quedamos con menos energía y esa parte continúa estancada en el mismo lugar, en la misma edad donde el evento traumático sucedió o se va con alguien…, como veremos ahora mismo.

Esa energía que «se fue» hay que recuperarla, lograr que «regrese al cuerpo». En la Terapia de Regresión a Vidas Pasadas con Orientación Chamánica, si descubrimos este mecanismo en el paciente que está haciendo la regresión, simplemente le decimos que «llame a su alma de vuelta» y regresa. Otra manera de hacerlo es buscarla en un viaje chamánico, encontrarla y traérsela de vuelta al paciente que la había perdido, insuflándosela en el pecho y la coronilla. Así hacen los chamanes, así podemos hacer también los practicantes chamánicos. Yo normalmente hago las dos cosas.

Diferente es cuando nos encontramos que es el paciente quien tiene adherida una energía que había salido previamente de otro cuerpo, como vimos en la regresión de Simón con su padre. Escuchemos atentamente una historia muy particular:

Liliana era una alumna de la formación de Terapia de Regresión a Vidas Pasadas con Orientación Chamánica que visitaba con frecuencia las cárceles debido a su trabajo. En una ocasión, la elegí para hacer una regresión didáctica delante del grupo y me comentó que, al salir de la cárcel, «Lo que siento es mucho cansancio, como que salgo agotada… Tenso mucho los ojos y tengo molestias en el cuello».

Entonces le dije:

—Acuéstate cómoda, cierra los ojos…, pon atención y lleva tu conciencia a ese momento donde estás en la cárcel y cómo, al salir de ahí, tienes todas estas sensaciones. Pon tu atención en los ojos, en esta sensación de mucho cansancio, como que sales agotada…, y voy a preguntar a tu inconsciente si hay alguna energía en tu campo energético. Liliana, si hay alguna energía en tu campo energético, vas a levantar un dedo de la mano derecha, y, si no la hay, vas a levantar un dedo de la mano izquierda. Uno… ¿Hay alguna energía en el campo energético de Liliana? Dos… —Levantó el dedo de la mano derecha—. Bueno, eso es… Entonces ahora, Liliana, vas a correr parte de tu conciencia a un lado y, seas quien seas quien estás en el campo energético de Liliana, tienes en este momento la oportunidad de expresarte. Seguramente hace mucho que nadie te escucha; vas a hablar a través de las cuerdas vocales, de la voz, de Liliana. ¿Cómo te llamas? ¿Quién eres?

La entidad, a través de Liliana, dijo:

—Antonio.

—Cuéntame, Antonio, ¿hace mucho que estás en el campo energético de Liliana?

—Mmm... —Movió negativamente la cabeza.

—¿Hace poco? ¿Cómo entraste? ¿Dónde estabas antes de entrar en el campo energético de Liliana?

—Mmm... Ahí...

—¿Dónde?

—En la cárcel, soy un preso.

—¿Tu cuerpo murió o no?

—No sé... No sé dónde ponerme, dónde quedarme.

—Bien, yo te voy a ayudar, te voy a pedir que, a la cuenta de tres, recuerdes el último cuerpo que tuviste. Uno, dos, tres.

—Estoy en el campo jugando al fútbol... Estoy corriendo la pelota.

—¿Qué edad tienes cuando estás haciendo eso?

—Veinticinco...

—¿Estás en la cárcel?

—Sí.

—¿Y qué sucede?

—Hubo una discusión con otros... que son de otro pabellón... Los agarramos así de la camiseta, pero no pasó nada más...

—¿Qué es lo siguiente que recuerdas?

—Me agarran con las esposas, me llevan por la pasarela..., me mandan sancionado...

—¿Adónde te mandan sancionado?

—Al pabellón de sancionados...

—¿Cómo es el pabellón?

—Es feo el lugar...

—Eso es, sigue, ¿qué más sucede?

—Me lastiman la espalda.

—¿Qué sientes?

—Dolor...

—¿Y qué más le sucede a tu cuerpo? —Yo estaba buscando el momento de la muerte de su cuerpo.

—Que no estoy más ahí... No sé dónde estoy... Perdí la secuencia.

—A la cuenta de tres, vas a ir a la muerte de este último cuerpo que tuviste y vas a recordar todo. Uno, dos, tres.

—Es que no está muerto, está lejos... —¡No esperaba esta respuesta!

—¿Dónde está tu cuerpo?

—Como si se hubiera ido a otra unidad... No está ahí...

—¿Y está vivo o está muerto?

—Está vivo, pero está preso... No está en el pabellón ya, debe de estar en el interior, deben de haberlo trasladado...

—¿Adónde lo trasladaron?

—No puedo saber si a Chubut...

—¿Y a qué se debe que estés ahora lejos de tu cuerpo, en el campo energético de Liliana?

—No sé, no entiendo por qué. No sé qué pasó...

—¿Quieres volver a tu cuerpo?

—Sí...

—Entonces, te voy a ayudar. Les voy a pedir a mis espíritus de ayuda que acompañen tu conciencia a buscar tu cuerpo y la lleven lentamente. Uno..., trasladando, llevando tu conciencia a buscar tu cuerpo muy lentamente... Dos, tres. ¿Pudiste encontrarlo? —Recordad que, a diferencia de un alma de un cuerpo muerto, la energía de gente viva no podemos enviarla a la Luz, sino a su cuerpo físico. Y, en este caso, ¡primero había que encontrarlo!

—Sí.

—Ahora tienes que sacar toda tu energía del campo energético de Liliana. ¿Puedes hacerlo?

—Sí, también la tengo que sacar de ese lugar...

—¿Del pabellón?

—Sí...

—¿Puedes hacerlo?

—Me cuesta un poco...

—¿Te cuesta sacar tu energía del campo energético de Liliana?

—De la unidad... Es mi lugar de pertenencia... No quería que me alejaran tanto. —Se refería a que lo trasladaron después de sancionarlo.

—¿De quién te alejaron?

—De mi gente, y a nadie le importa nada.

—¿A Liliana sí le importabas y por eso entraste en su campo energético?

—A Liliana no la conozco. —Me sorprendió mucho la respuesta.

—¿No la conoces? ¿Y cómo entraste en su campo energético?

—Yo estoy en mi lugar, en la unidad, y ella estaba disponible.

—¿A qué se debe que Liliana estuviera disponible? ¿Qué te facilitó la entrada a su campo energético?

—Tiene un agujero ahí atrás —Indicó la espalda.

—¿Y entraste por ahí? —Lo afirmó—. ¿Y puedes darte cuenta de qué manera afecta a Liliana que estés en su campo energético? Porque ella tiene mucho cansancio...

—¡Que se vaya!

—¿Que se vaya ella de dónde? ¿De su propio cuerpo?

—No, de acá, de este lugar, de mi lugar.

—¿De ahí, del pabellón?

—Sí... No es el pabellón igual...

—¿Qué es?

—La salita, acá, de los médicos.

—¿Que se vaya de ahí?

—Sí, si le molesta...

—Sí, pero ahora Liliana no está en la salita y vos estás acá con ella.

—¡Pero también estoy allá!

—¿Liliana, lo conoces?

—No, no lo conozco —respondió ella.

—¿Hay algo que le quieras decir, Liliana?

—No, no sé qué decirle...

—Dile que te molesta que esté en tu campo energético.

—Está buscando su lugar, no encuentra su lugar. —A él—: Sería bueno que volvieras a tu cuerpo... Te pido que salgas de mi campo energético, este no es tu lugar, es mi campo energético.

—¿Qué dice?

—Es como que le da lo mismo... Está como medio «ido»... —A él—: Te pido que te retires de mi campo energético, no va a estar más el agujero, así que sal ahora. Ya sale —dijo dirigiéndose a mí—, pero como que necesita volver a su campo energético.

—Lo vamos a ayudar... Pido a mis guías, a mis espíritus, que te ayuden a encontrar tu campo energético.

—Está intentándolo, llega al cuerpo, pero le cuesta entrar. Lo ve como de arriba.

—Entra en tu cuerpo, Antonio.

—No quiere entrar. Veo la espalda —dijo Liliana—. No quiere entrar porque no quiere sentir.

—¿Tiene la espalda lastimada?

—Sí.

—Dile que puede entrar en su cuerpo cuando se le haya curado la espalda si quiere, pero que se quede ahí, y no se pegue al campo energético de nadie más.

—Le quiero decir que se anime a entrar a su cuerpo. —A él—: Es mejor que entres, así puedes estar completo, así puedes defenderte mejor, y así tu familia sabe que estás bien…

—¿Qué sucedió?

—Está como cerca de su cuerpo…

—¿Sientes que te liberaste completamente de él?

—Sí, espero que sí.

—Vas a repetir: «Yo soy yo, y en mi vida y mi cuerpo solo mando yo, porque yo soy yo, está totalmente prohibido volver a entrar en mi campo energético». —Liliana lo repitió tres veces—. Ahora vas a percibir la luz de tu propia alma, que va iluminando todo tu cuerpo, va cubriendo ese espacio detrás de tu espalda, y ocupando con tu luz los espacios antes ocupados por otras energías.

Vas a elegir ahora un color para armonizarte y volver a tu conciencia física habitual…

A lo largo del curso, Liliana pudo trabajar la razón por la cual tenía ese agujero en la espalda, en su campo energético, cuya causa resultó ser una experiencia traumática en una vida anterior. Recordemos que las experiencias no sanadas en esta u otras vidas generan una herida, un agujero, que deja nuestro campo energético débil, abierto; y, gracias a la Terapia de Regresión a Vidas Pasadas con Orientación Chamánica, podemos sanarlo desde su raíz, suturarlo, reparar el campo energético y resolver el patrón de conducta que lo generó para evitar que se vuelva a abrir.

La historia que Antonio compartió con nosotros nos enseña que lo que le sucedió a él le puede suceder a cualquiera, y nos sucede a todos muchas veces. Me estoy refiriendo al hecho de que, ante un sufrimiento físico o emocional, parte de nuestra energía se retira del cuerpo y, como sucedió en este caso en particular, esa energía que ha salido puede adherirse al campo energético de otra persona que simplemente estaba disponible y pasaba por ahí. Cuando trasladaron el cuerpo de Antonio (o sea, a él) a otro lugar, la energía que había salido quedó desorientada y, si nos sucede esto en repetidas ocasiones, nos vamos debilitando, perdiendo nuestra energía vital. Muchas veces, simplemente el alma, esa parte de la energía que salió, queda en esa habitación, en ese lugar y en ese tiempo, a esa edad, donde sucedió el hecho traumático. No siempre se adhiere al campo energético de otro. Pero es conveniente siempre recuperarla.

8

Cuando no ascendemos a la Luz

Cuando en una regresión revivimos una experiencia acontecida en una vida anterior, para desprendernos definitivamente de esa experiencia y dejar el pasado atrás, el terapeuta nos llevará a que revivamos también el momento de nuestra muerte en esa misma vida.

Al morir el cuerpo, el alma (o principio consciente que la habitaba) se retira del cuerpo y asciende a la Luz. Este es el curso natural, pero no siempre sucede así, como estamos viendo en este libro, y a veces nos quedamos como almas perdidas. En esta historia, seremos testigos del mismo fenómeno que venimos tratando, pero desde otro lugar: cuando el alma perdida es el paciente mismo..., pero en una vida anterior, obviamente:

Micaela, una mujer de cincuenta y cinco años, comenzó la regresión a partir de un hecho traumático relacionado con el fallecimiento de su hijo en esta vida, hecho que la llevó a una sensación de gran angustia que no cedía con el paso de los años. Luego de una relajación guiada, entró en un estado expandido de conciencia que la conectó con la «experiencia responsable de su sensación de angustia» y le pregunté:

—¿Qué sientes?

—Que se me acabó, está terminado... Me tiemblan las piernas... Se me aprieta el estómago... Se me acelera el corazón... Me tiemblan los ojos..., como un temblequeo...

—A la cuenta de tres vas a ir a la experiencia responsable de esas sensaciones. Uno, dos, tres. ¿Dónde estás?

—Estoy en un coche de caballos y nos matan a mí y a mi marido, y queda nuestro hijito... Hay indios tipo el cine que rodean el coche ese y, bueno..., nos matan metiendo cosas por la ventana...

—¿Qué sientes?

—Miedo... Proteger al chiquito poniéndolo en el medio de los dos... La impresión es que nos matan y no sé qué pasa con el chiquito.

—¿Cómo te matan?

—Me clavan una lanza en el costado... Me empieza a salir sangre... Me imagino que me veo de arriba del techo muerta con la sangre que va corriendo al lado y el chiquito está vivo... ¡Tironea! Mi marido también está muerto.

—¿Qué dice el chiquito?

—¡¡¡¡Aahhhhhhhhhh!!!!

—¿Qué sientes?

—Que lo voy perdiendo...

—¿Cómo morís?

—Dejo de sentir las piernas, se va nublando la vista, veo todo negro... Oigo voces..., gritos alrededor tipo película de *cowboys*... Mi cuerpo no responde, está muerto...

—¿Qué pasa después de que tu cuerpo muera?

—Veo el coche desde arriba... Caballos... Se acercan otros tipos a mirar y agarran al chiquito... Me los imagino con uniforme, no de los que estaban atacando, se lo llevan a caballo...

—¿Qué sientes?

—Que va a estar bien, protegido, que no se murió ahí...

—Despréndete de todo eso, sé consciente de que tu cuerpo se murió, quita toda tu energía de ese cuerpo. Vas a permitir que esa parte de tu alma ascienda a la Luz...

—Está un poco más arriba del coche de caballos..., a cincuenta metros del suelo...

—¿Qué sientes?

—Que no estoy muerta, que veo cómo se mueven los pastos, todo abandonado... Como que es lo mismo, que estás ahí... Como que te deja de importar lo que está ahí abajo... Busco algo parecido a mí... Me imagino viento..., soy como un viento. Voy al pueblo... de vuelta..., como viento..., para ver cómo está el chiquito... Espío como de arriba del techo una casa para ver si el chiquito está bien o no...

—¿Qué sientes?

—Que está bien y jugando en el cuarto.

—¿Qué sientes?

—Como si estuviera viva.

—¿Cuánto tiempo te quedas en ese cuarto?

—Mucho tiempo.

—¿A qué se debe que te quedes en el cuarto a pesar de que tu cuerpo ya se murió?

—Para verlo crecer. —Empezó a llorar.

—Ahora tienes que ascender a la Luz para seguir tu vida. Imagina una luz brillante..., un canal de luz hacia arriba, hacia la fuente de toda luz...

—¡No quiero ir ahí! No quiero dejar abandonado al chiquito que está abajo.... Miro por la ventana... de debajo de la mesa, veo que entra y sale la gente... Me imagino como espíritu... Paso al cuarto de al lado... Ahora me veo en el bosque afuera, pero más que nada en la casa...

—¿Qué sientes?

—Me siento encerrada, pero haciendo lo que tengo que hacer: protegerlo.

—¿Lo estás protegiendo?

—No..., porque no le pasa nada...

—Fíjate si es realmente necesario que sigas ahí...

—No..., pero subir al tubo de luz me da cierto miedo también...

—¿Qué temes?

—Como que no estoy mal, no estoy bárbara, pero estoy bien donde estoy.

—Fíjate que tal vez tu destino sea estar bárbara... y sé consciente de que, para vivir en la dimensión de la Tierra, hace falta un cuerpo...

—Siento que asciendo a la Luz...

—Muy bien, eso es lo mejor para tu alma. Llévate toda tu energía contigo, y avísame cuando hayas llegado a la Luz.

—Estoy arriba en un cuarto intermedio... Percibo el canal de luz y ángeles custodios que están ahí... Es agradable, cálido...

—Fíjate si retiraste toda tu energía de ese cuerpo y de ese cuarto.

—En el chiquito... Queda mi energía en la cabeza de ese chiquito...

—Quita toda tu energía de ahí y vuelve al tubo de luz con toda tu energía, así vas a poder llegar más alto. Sigue ascendiendo hacia ese lugar muy luminoso, la Fuente de toda Luz...

—Lo que puedo ver es que tengo miedo a la religión y al Dios en sí mismo... A un señor que me esté esperando... Si lo imagino más como lo veo ahora, como una energía que está en todos lados, no me da miedo... Como que somos todos la misma energía, los animales, las plantas... Estoy como en distintas capas de nubes, casi una neblina luminosa agradable... Me imagino unos sabios... más cariñosos...

—¿Qué te dicen?

—Que está bien... Que mi hijo —el de su vida actual, que había fallecido—, que era mi hijo en esa vida, está bien... Les pregunto si puede estar de alguna manera comunicado con nosotros.

—¿Qué te dicen?

—Que sí, que no de la misma manera, pero que sí... Les pregunto si es posible que nos encontremos de vuelta..., que me gustaría que nos siga acompañando de alguna manera. Me dicen que está bien, sin darle importancia, como haciendo chistes con otra gente como yo que también está ahí...

—¿A qué se debe que pasaras por esa experiencia? ¿Hay algo de esa vida que te estés trayendo a tu vida como Micaela?

—No querer salir de mí misma como protección, cerrarme a los demás.

Observad cómo Micaela, en su vida anterior, luego de morir en manos de los indios y quedar su pequeño hijo, no tuvo interés en ascender a la Luz, ya que quería quedarse a cuidarlo. El síntoma que producía esto en su vida actual era que tenía una tendencia a «quedarse encerrada» en sí misma (y también en su casa). Hacer esta regresión es parte del camino para resolverlo. Al liberar su alma de esa situación de su vida anterior, entendiendo que no hay necesidad de quedarse cuidando de su hijo, se elevó, y así recuperó su energía y comenzó a salir de su encierro en su vida actual como Micaela.

Por otro lado, observemos que, cuando estaba ascendiendo a la Luz, dijo tener «miedo a la religión». Ese es otro motivo para no elevar su alma por el canal de luz. Mucha gente tiene miedo del «castigo divino» por cuestiones religiosas o por haber sido víctimas de un clérigo de alguna iglesia. Micaela, en otra regresión que realizó posteriormente, experimentó haber sido asesinada por un sacerdote a la edad de cinco años en Estados Unidos en una época de persecuciones religiosas.

Tal vez os estéis preguntando, queridos lectores, cómo puede ser que si «su alma no se había elevado en una vida anterior», ahora esté encarnada en esta vida. Lo que sucede es que no es la totalidad de nuestra alma la que queda, sino un fragmento que, a la manera de un holograma, se ve y experimenta como una totalidad, ya que posee la información del todo. Recordad que, cuando estaba ascendiendo, dijo que todavía «quedaba parte de su energía en la cabeza de su pequeño hijo». La energía espiritual no está limitada al espacio y al tiempo como el cuerpo físico, es por ello que podemos ir «dejando parte de nuestra energía» en diferentes lugares, personas y tiempos. La sanación se produce al recuperarla. Es lo que hacemos con la regresión y también con las experiencias de sanación chamánica.

9

Obsesor kármico

Como dije anteriormente, si el alma de alguien que murió (recordemos que puede ser solo parte de esa alma) no pudo elevarse por alguna circunstancia, puede quedar confundida por mucho tiempo o acoplarse a una persona, trasmitiéndole sus emociones, sensaciones, e incluso tratar de que esa persona haga lo que ella quiere, aunque sin intención expresa de perjudicarla (a veces ni la tiene en cuenta, solo piensa en satisfacer sus necesidades). Es lo que venimos llamando *alma perdida*, que, para diferenciarla de otras que veremos ahora, llamaremos *alma perdida simple*, y es la que no tiene intención de dañar a quien lo «aloja». Y hablo de «intención» porque es esta la que diferencia a los distintos tipos de almas perdidas que pueden estar en el campo energético de una persona.

El Dr. José Luis Cabouli, en su libro *Terapia de la posesión espiritual*, nos recuerda que: «El alma perdida causa trastornos a una persona por su sola presencia, porque es un elemento extraño en el campo vibratorio de esta, pero no tiene, al menos inicialmente, la intención premeditada de dañar a dicha persona». De todos modos, hay veces en que no es para nada «inocente o casual» la razón por la cual un alma perdida se «aloja» en determinada persona, sino que, en ocasiones, lo hace intencionalmente, para molestarla. A estas almas perdidas las llamamos *obsesores*, y hay diferentes niveles de intensidad en esa molestia. Cabouli las define así: «El propósito del obsesor es decididamente hostigar o causar daño a una persona determinada. No obstante, cualquier alma perdida, ya sea familiar u oportunista, puede convertirse en un obsesor cuando comienza a interferir adrede en la vida de la persona en quien se está hospedando».

Puede ser que la vida anterior del obsesor fuera la misma que la actual de la persona que la tiene adherida; por ejemplo, un exmarido, socio, o suegra que ya haya fallecido. En este caso, la razón por la cual el obsesor hostiga al paciente es relativamente reciente y ambos la recuerdan conscientemente. Es un asunto que ambos deben resolver para que la persona que murió desista de seguir molestando y decida por fin ir a la Luz y continuar con su evolución.

Otras veces ocurre que esta relación entre el obsesor y la persona que la tiene en su campo energético ahora viene de una vida anterior, y lo llamamos *obsesor kármico*. Generalmente, se trata de una entidad enojada por algo que la persona le hizo en una vida anterior y solo necesita que esta le pida perdón. Esta situación puede ser muy desconcertante para quien tiene acoplado al obsesor kármico, ya que no es consciente de la vida donde supuestamente hizo algo para enojarlo ni de que lo viene «persiguiendo» desde entonces. En este caso, el motivo de la persecución suele ser la venganza. Pero, como en toda guerra, nadie gana, ya que el obsesor se está perdiendo de disfrutar de la Luz porque está atado a las cadenas de su obsesión. Es parte de su karma y tiene que liberarse. Ambos necesitan hacerlo. A veces, de hecho, ambas almas vienen «persiguiéndose» mutuamente desde varias vidas atrás, alternando los roles de víctima y victimario, y está claro que necesitan resolver la discordia entre ambos. Es por ello que en la regresión, hay que «llevar a ambos» a la vida donde se originó el problema para que lo solucionen, y así el obsesor kármico podrá elevarse, como necesita hacerlo toda alma perdida.

La dama del teatro

Julián era un joven de veinticinco años, actor de teatro, que vino a consultarme por un síntoma muy particular:

—Hay algo que me llama mucho la atención —me dijo.

—¿Sí? ¿Qué es?

—Cuando actúo «es como que no soy yo»... Siento como que no tengo total dominio de mi cuerpo. No sé si soy yo el que va dominando mi cuerpo. No tengo una sensación de aquí y ahora cien por ciento. Me cuesta recordar todo lo que hacía mientras iba actuando y tengo una excitación que me... me... borra todo, y hasta me hace borrar los recuerdos. Y, cuando termino, estoy un ratito así, hasta que bajo a la realidad y me... ¡Como que no me hago cargo de que actué! Y después, a la noche, me pongo a pensar en lo que pasó... y no sé si esto es normal en los actores...

—Entonces te vas a recostar y cerrar los ojos. Mientras escuchas la vibración de los cuencos, te vas a aflojar, relajar..., sentir cómo una luz muy blanca y muy brillante que viene del universo, de la fuente divina de Dios Madre-Padre, envuelve e ilumina toda esta habitación creando un espacio sagrado y protegido para que tu alma pueda hacer con toda confianza y seguridad el trabajo que vino a hacer hoy acá para su sanación... Vas a sentir esta luz blanca brillante... e invocamos a los Seres de Luz para que nos asistan, guíen y protejan en este trabajo de sanación. Siente cómo tu cuerpo se va aflojando, relajando completamente, y te vas entregando a esta experiencia de sanación de hoy... Vas a imaginar que desciendes por una escalera de luz mientras cuento del diez al uno y vas a ir entrando en estados mentales más y más profundos. Diez..., comienzas a descender muy lentamente por esta escalera de luz y a entrar en estados más profundos. Nueve..., sigues descendiendo más y más y tu estado es más y más profundo. Ocho..., más y más profundo. Siete..., más y más profundo..., yendo a la experiencia que tu alma ya eligió trabajar hoy acá. Seis..., tu estado es más profundo. Cinco..., sigues descendiendo más. Cuatro..., más y más profundo. Tres..., tu estado es muy, muy profundo. Dos..., muy, muy profundo. Uno..., estás ahí. A la cuenta de tres vas a ir a la experiencia que tu alma necesita trabajar hoy acá relacionada con la sensación de que cuando actúas no eres tú mismo... Y, si hubiera alguien en tu campo energético..., una conciencia diferente a la tuya... que esté en tu campo energético, cuando cuente tres, vas a permitir que esa energía, esa otra conciencia, hable a través de tus cuerdas vocales, y vas a hacer parte de tu conciencia a un lado para que ella se pueda expresar y me diga lo que necesita decir. Este es su momento para hablar y expresarse y que yo la pueda ayudar. Uno, dos..., yendo a esta experiencia que tu alma necesita trabajar hoy acá. Tres..., estás ahí. ¿Qué estás experimentando?

—Como si fuera... Se me viene a la cabeza un sombrero.

—¿Cómo es?

—Es negro, redondo y con punta...

Intuí que se trataba de una energía que estaba ahí, con Julián, y que era la responsable de que él sintiera como que no era él cuando actuaba; por eso, para identificarla, me dirigí directamente a ella:

—Al dueño del sombrero negro le voy a preguntar: ¿cómo te llamas?

Julián respondió:

—Es una mujer de pelo blanco y largo. Le veo la cara, parece una bruja, como si fuera una bruja de Disney. El sombrero, la verruga, el prototipo de bruja. La ropa es blanca y gris —Julián se movió—. Hasta ahora es una imagen, no la puedo sentir, se me aparecen detalles...

—¿Qué te pasa en el cuerpo?

—Tengo un dolor acá... en el pecho, como si tuviera un rayo atravesado, una luz dolorosa que me entra por acá y me sale por allá… —Señaló, en el omóplato, algo que entraba por atrás y salía por el hombro—. No es algo material, es una luz clavada que la siento en el cuerpo, un rayo atravesado…

—¿Quién te lo atraviesa?

—Es esta mujer, pero no estoy seguro.

—¿O es ella que lo tiene atravesado?

—Me parece que es ella que lo tiene atravesado…

—¿Y estás sintiendo lo que ella tiene atravesado?

—Sí…, porque ahora que veo, no siento mi cuerpo atravesado… —Julián estaba percibiendo lo que le pasaba a esa entidad que tenía en su campo energético, a quien volví a pedirle que se comunicara conmigo.

—Te pido que te presentes, para que puedas hablar por ti misma… ¿A qué se debe que estés en el campo energético de Julián? A la cuenta de tres, te voy a pedir que uses las cuerdas vocales de Julián y me vas a decir tu nombre para presentarnos. Uno, dos, tres. ¿Cómo te llamas?

—Siento que todavía estoy hablando desde mí —respondió Julián—, pero se me vino el nombre de «Raquel» a la cabeza…

—Eso es, Raquel, podemos hablar directamente si te animas a usar las cuerdas vocales de Julián.

Raquel, con la voz de Julián pero diferente tono y gestos:

—Hace mucho me echó de mi casa. Él compró un teatro en el cual yo vivía… Era mío, hice de todo para que se fuera y él no se iba. Hizo «un trabajo» y me sacó a mí.

—¿Era una vida anterior? —Me refería a una vida anterior de Julián.

—Yo ya estaba muerta, me parece.

—¿Y él?

—Él estaba vivo, pero no era Julián —Era evidente, pues, que se trataba de un obsesor kármico. El asunto entre ambos venía de otra vida, y allí había que ir para solucionarlo y así lograr que Raquel se marchara.

—Entonces a la cuenta de tres, vais a ir a esa vida donde sucedió todo esto —dije a los dos—. Donde Raquel dice que compraste un teatro. Uno…, retrocediendo a esa experiencia…, a esa vida donde compraste un teatro y sacaste a Raquel con un «trabajo» cuando ella ya estaba muerta. Dos…, más y más. Tres. Estás ahí. ¿Qué estás experimentando?

Julián:

—Soy un hombre joven, actor.

—¿Qué época es?

—Siento que no es muy antiguo… Mil novecientos treinta y pico… Yo trabajo en los teatros, trabajé en el circo, fue duro, pero me compré mi propio teatro. Ese teatro tenía una parte de atrás donde yo vivía, solo… Estaba muy maltratado, todo sucio, muy abandonado y con mucho trabajo lo fui poniendo bien, acondicioné la casa primero y me fui a vivir ahí… y cuando me acostaba a dormir siempre pasaban cosas… Aparecían las cosas desordenadas de vuelta, se me caían accidentalmente, se me caían palos que me lastimaban, me clavaba astillas que era imposible clavármelas. Igual no me importaba porque había cumplido un sueño y estaba muy entusiasmado con eso… Arreglé la casa y me mudé con todas las contras que tuve… y sigue viviendo ahí… Acondicioné el teatro y llegó el momento de la primera obra…, una obra que había hecho la cual me había llevado a ganar el dinero para comprar el teatro, era un éxito la obra…

—¿Recuerdas el nombre?

—No, no lo recuerdo… Me aparece algo de Irlanda, unos tréboles… Irlanda…, color verde…, se me aparece Irlanda no sé por qué… Llega el momento de estrenar la obra y no sé por qué no viene nadie, no venían… y no venían… y yo sabía que había «algo» que estaba interfiriendo; igualmente seguí y no me importó. Bajaron la obra, intenté poner cosas escritas por mí, invité a bandas, y seguía todo mal, no venía nadie... Yo tenía un poco de manejo de energía y sabía que podía haber «algo» porque era un teatro. Tener un teatro para las personas es un sueño muy grande porque da muchas alegrías, normalmente dicen que hay fantasmas en los teatros. Sabía que había «alguien» ahí que antes que yo hubiera tenido ese teatro... y no se podía ir...

—¿A qué se debe que lo supieras?

—Eran muchas casualidades... Esas cosas que aparecían desordenadas, eran cosas muy mágicas y yo sabía que mi cabeza estaba «entera», que no las imaginaba, sabía qué estaba pasando... Latas que caían de no sé dónde, ¡me caían encima! Obras que eran magníficas, en que la gente se enamoraba más de la obra que de los actores y no pasaba nada... Sabía que con algo «de eso» tenía que ver...

—¿Hiciste algo?

—Amistosamente me senté un día en el escenario y hablé fuerte y dije que, si había «alguien o algo», que podía estar ahí tranquilamente, pero yo no me iba a ir, que podía compartir mi felicidad con esa persona. Y en ese momento explotaron un par de focos y yo sabía que eso era un «no».

—¿Entonces?

—Pasaron los días y siguieron pasando cosas. Me acuerdo de que un día llegué al teatro y estaba la puerta cerrada, no podía entrar. Con unos amigos la rompimos y entramos, no había nadie dentro, yo estaba seguro..., sabía... Tenía un maestro que me enseñaba «manejo de energía» y algunas cosas y lo llamé a ver si podíamos hacer algo, algún «trabajo» para ver si se me cambiaba la racha, a ver si podía expulsar de alguna manera esas «presencias» que no me dejaban cumplir mi sueño. Hicimos un ritual donde yo les dije expresamente que no tenía voluntad de echarlos pero que podíamos convivir, que podíamos compartir la felicidad, que podían ser felices como yo, como lo habrían sido ellos antes... Y nos dieron otra señal, pues en ese momento habíamos levantado un estante en un camarín y este se desplomó. Entonces mi maestro me dijo que no, no se iban a ir, los teníamos que echar. Hicimos un «trabajo» con mucho humo... Me acuerdo de que, cuando terminamos, vinieron los bomberos porque pensaban que se estaba prendiendo fuego en el teatro.

—¿Quemasteis muchas cosas?

—Quemamos mucho, todo lo viejo que estaba en el teatro, quemamos vestuarios, quemamos carteles, quemamos... Yo no estaba de acuerdo, los quería llevar a otro lado, pero no los quería quemar porque sabía que se iban a molestar; que, si me pasaba a mí, me hubiera molestado mucho, pero lo hicimos porque mi maestro me dijo que era la única manera de que me dejaran en paz, si no, que agarrara mis cosas y me fuera de ahí y lo pusiera en venta. Entonces quemamos las cosas y lo tiramos todo a la basura. Y a partir de ahí comenzó a funcionar el teatro a la perfección y por la noche dormía como un angelito, nadie me molestaba. No había ruidos, ya no caían las latas mágicas esas que caían... Las obras llenaban, teníamos que hacer triple función casi todos los días, me podía dar los lujos que quería, había cumplido mi sueño. Y así fue como, creo que entre «otras personas», entre «muchos personajes», eché a «esta señora».

—¿Había otros también?

—Sí, pero la que me molestaba, la que tenía arraigado ese teatro era una «señora Raquel» que había muerto.

—¿Lo sabías cuando compraste el teatro?

—No, no lo sabía. Era un teatro que estaba abandonado, en ruinas, y yo lo levanté, no sabía de sus anteriores dueños..., pero hay una imagen que, cuando yo entré en regresión, vi... Era un cartel donde estaba esta señora vestida de bruja..., era uno de los personajes de sus obras.

—Entonces ahora, Raquel, te vamos a permitir que te expreses, que des tu versión de todo esto. Ahora puedes contarnos cómo lo viviste. Ahora, Julián, vas a dejar de lado tu conciencia y le vas a prestar tus cuerdas vocales a Raquel. —Julián empezó a toser y a moverse inquieto, en realidad era la energía de Raquel la que movía el cuerpo—. ¿Te pasa algo, estás bien?

Julián:

—Sí, estoy bien.

Los «obsesores» no solo son una «entidad molesta e intrusa que hay que echar», también tienen un nombre y una historia que contar:

—Entonces, Raquel, ¿me quieres contar a qué se debe que te quedaras en ese teatro cuando murió tu cuerpo?

Raquel hablando a través de Julián:

—No me había dado cuenta de que estaba muerta.

—A la cuenta de tres, vas a ir al momento donde muere tu cuerpo en esa vida y vas a recordar todo perfectamente. Uno, dos, tres... Estás ahí, ¿qué estás experimentando? ¿Cómo muere tu cuerpo?

—Estamos en función, hay mucha gente, el teatro está lleno, es hermoso, es mío. Terminamos la función y hay una actriz que había hecho algunos reemplazos de mi personaje, que yo sabía que siempre quiso tomar mi lugar. Después comimos, brindamos y me envenenó.

—¿Qué sientes cuando entra el veneno? ¿Te das cuenta?

—No, no me doy cuenta.

—Entonces vas a revivir ese momento y te vas a dar cuenta de todo lo que sucede. Uno, dos, tres. ¿Qué ingieres?

—Un té con galletitas, como con croquetas... Me invitó a tomar el té, tomamos el té con todo el elenco y nos mata a todos.

—¿Mata a todo el elenco?

—Sí, nos mata a todos.

—Siente cómo va entrando el té, qué te va haciendo...

—Va como prendiendo fuego, primero el pecho, es una sensación... Va como haciendo un remolino en el estómago que va subiendo y va bajando, se me va contrayendo todo, y se me ponen los músculos del cuerpo muy duros y se me empieza a cortar el aire… y empiezo a vomitar, y vomito y vomito, y me caigo al suelo y es una sensación horrible… ¡¡¡Ajjj!!! Pero me levanto y estoy bien. Y, cuando me levanto, veo a todo el elenco muerto y salgo corriendo. —Raquel no se había dado cuenta de que su cuerpo estaba muerto, envenenado, solo vio a los demás y se asustó, se fue, y por ello no vio la Luz, y permaneció como alma perdida.

—Sigue.

—Y vuelvo después, corro y camino por un lugar que me gusta mucho, por una plaza al lado del río… Me pregunto qué puede haber pasado. Vuelvo al teatro y ya no están los cuerpos, el teatro está cerrado, estoy yo sola adentro, estoy sola y pasa el tiempo, no sé si pasa el tiempo, como que no tengo noción de eso. Un buen día vienen unos hombres y ponen una faja de venta en la puerta del teatro. ¡No lo podía creer! ¡¿Cómo iban a vender el teatro estando yo adentro?!

—Sigue, ¿qué haces?

—La saco, y la vuelven a poner, y la saco y la vuelven a poner por distintos lados. Y un día vino Julián, que también se llamaba Julián.

—Sigue…

—Y empieza a desordenar mis cosas, a tirarlo todo… ¡Lo quiero echar, es mi teatro! Y empiezo a hacer cosas para que se vaya, pero él es un cabeza dura, no se va. —Suspiró—. Intento matarlo pero no puedo, no tengo el poder.

A esta alma perdida, debido a su intención de perjudicar a Julián, la llamamos «obsesor». Veremos cómo, de a poco, fue pudiendo dominarlo más, eso es lo que llamamos «grados de obsesión cada vez mayores».

—¿Qué haces?

—Tiro latas pesadas sobre la cabeza de él mientras está durmiendo.

—¿Puedes agarrar los objetos?

—Sí, sí, los voy como empujando, los empujo... Y los palos, como que soy viento, los empujo como el viento. Y no se da por vencido. Propone quedarse en mi teatro, pero no quiero, no... no... no se puede quedar, ¡es mi teatro! ¿Qué va a hacer con mi teatro? Por momentos lo dudo de dejarlo quedar, pero no... ¡no quiero! Hasta que un día vino con ese hombre —el maestro de Julián— que me da mucho miedo. En ese instante supe que había llegado «mi momento». —Suspiró de nuevo.

—¿Y qué pasó?

—Trataron de hacer un pacto y no quise.

—¿A pesar de que sabías que te iban a echar?

—Sí, porque pensaba que no me iban a echar... y, cuando quise hacerlo, era demasiado tarde. Miré a Julián desde ese cartel, lo miré a los ojos y supe que me entendía, pero no, ya era demasiado tarde, lo quemaron todo.

—¿Y qué sucedió cuando lo quemaron todo?

—Ya no estaban mis cosas ahí. Primero lo queman todo y me debilito mucho, ya no me quedaban fuerzas para nada.

—Y cuando lo queman todo, ¿a qué se debe que te debilites?

—A que me fui dando cuenta de que ya no quedaba nada de mí, que ni siquiera tenía un cuerpo, que estaba muerta.

—¿Te diste cuenta en ese momento de que estabas muerta? ¿Antes no te habías dado cuenta?

—No... Sospechaba que algo andaba mal... No sabía bien, me están cayendo situaciones ahora... No me daba cuenta... Lo sospechaba... Fue todo como muy rápido.

Al mismo tiempo que me iba contando su historia, se iba dando cuenta de su «situación». El tiempo para el alma no existe y, para ella, relatarme lo que iba recordando fue, en sí mismo, sanador.

—¿Y cómo fue que después llegaste al cuerpo de Julián en esta otra vida?

—Hice una promesa.

—¿Qué promesa hiciste?

—Que no iba a dejar ser feliz a ese tipo nunca.

—¿La hiciste en ese momento? ¿Cuándo volviste a entrar a su campo energético? ¿Encarnaste con él? ¿Cómo fue que pasaste de esa vida a esta?

—En ese momento me fui con mucha bronca a mi lugar al lado del río, ahí tomé mucha energía del agua, de las imágenes, de lo mío, de mis recuerdos, las cosas lindas.

—¿Puedes vivir sin tomar la energía de otras personas?

—Sí.

—¿No necesitas la energía de las personas para vivir?

—Ahora no, me fui poniendo muy fuerte y me pegué al campo energético de Julián cuando él ya era viejo.

—¿Volviste al teatro?

—Volví a mi teatro.

—¿Y a qué se debe que te pegaras al campo energético de Julián en esa vida?

—A que había hecho una promesa y la iba a cumplir. Le robé toda la felicidad. No quedó ni un poquito.

—¿En qué momento se la robaste?

—Cuando estaba en lo mejor, cuando él se sentía feliz, cuando se sentía hecho, cuando sentía que nada más le podía pasar para sentirse mejor.

—¿Qué hiciste ahí?

—Entré a su campo (energético), tomé su voluntad y dije que «no iba a actuar nunca más en su vida», y sé que no actuó nunca más. Vendió el teatro, se fue y terminó muerto de un coma alcohólico inducido por mí.

—¿Tomaste su voluntad? ¿Lo fuiste haciendo de a poco? ¿Él no se daba cuenta?

El obsesor, como vemos, va tomando de a poco la voluntad de la persona. Son los diferentes grados de obsesión que, de menor a mayor, denominamos:

Inconsciente: Cuando la persona padece accidentes domésticos sin saber a qué se deben (como cuando Raquel le tiraba cosas).

Simple: Cuando la persona puede oír al obsesor como si fueran pensamientos extraños.

Fascinación: Cuando la entidad adula a la persona «inflando su ego» para ganarse su confianza.

Subyugación: Donde la voluntad de la persona ya está restringida o anulada y el obsesor puede manipularlo fácilmente. Generalmente tienen mayor poder de hacer esto cuando la persona ignora la existencia de estas entidades y del mundo espiritual; así que parecía que Julián, al ser bastante consciente de lo que podía estar sucediendo en su teatro, no iba a caer en sus redes, pero Raquel continuó acechando hasta que lo logró.

Veamos qué nos confesó la «dama del teatro»:

—Estaba…, eh…, me aproveché de unas palabras que dijo: «Ya nada…, ya hasta acá viví todo lo bueno que pueda pasarme en mi vida, después lo que venga, que venga», y aproveché y me metí. Fue un momento que él bajó mucho la guardia. Estaba tan feliz que pensó que nada malo le podía pasar. Él siempre tuvo en la cabeza la imagen mía, esa imagen de bruja. Nunca se pudo olvidar. Él ya tenía mi energía, fue fácil encontrarlo. Cuando me sinceré con él, cuando vio ese cartel y quiso hacer ese pacto, lo debilité mucho… Él no es malo, él es bueno… pero demasiado; entonces «se enganchó con mi energía», sintió mucha lástima por mí, sintió lo que le podía haber pasado a él si le quemaran todas sus cosas…

—¿Y ahí pudiste entrar a su campo energético?

—Él terminó de pensar que nada le podía pasar y en ese momento se acordó cuando estaba quemando mi traje de bruja, cuando lo estaba tirando al fuego. Bajó mucho las defensas e hizo un agujero grande (en su campo energético) por donde yo pude entrar, y ahí entré y tomé su voluntad de golpe. Yo tenía mucha energía, él estaba muy débil, muy seguro de sí mismo y con mucha culpa, mucha lástima. Fue muy fácil. Tenía un ego muy inflado porque todo lo que había querido lo había tenido. La gente lo amaba tanto que él no se daba cuenta de quién era él y de quiénes eran sus personajes; se había creído como un dios.

—¿Y eso debilitó su campo energético?

—Demasiado. Lo suficiente para mí.

—¿Y ahí entraste para cumplir con la promesa de que él nunca iba a ser feliz?

—Sí, promesa que a mí también me agobia, porque no la puedo romper.

—¿Y esta promesa fue la que te obligó a volver a estar con él en esta nueva encarnación de Julián?

—Lo volví a encontrar.

— ¿Qué pasó con tu energía cuando él murió? ¿Pudiste ir a la Luz o no?

—Fue muy difícil eso...

—¿Qué pasó ahí?

—Hubo un choque de energías muy fuerte, yo no quería que él fuera a la Luz. Su energía rápidamente tomó mucha fuerza, no sé de dónde sacó todo ese poder, no pensé que fuera a ser capaz de semejante cosa... Tomó tanta energía que fue como un meteorito, fue con mucha velocidad hacia la Luz, salió del cuerpo y se encandeció, salió una bolita de fuego que al segundo se hizo un sol enorme; una cosa que nunca había visto. A mí me dejó como indefensa, ¡como que me volteó! Y desde el suelo veía cómo él se iba rápido hacia la Luz, un hilo dorado... Fue primero una explosión, salió del cuerpo de él una luz, un hilo, una bola dorada que cuando salió del cuerpo no sé qué fue lo que pasó que hizo como ¡plaf! Explotó y se transformó en un sol gigante, enorme, que me volteó, explotó y me tiró. Y desde el suelo vi que se hizo así y se transformó en un rayo y me atravesó y se fue hacia la Luz… y me quedó como el síntoma de hoy, el dolor…

—¿Y qué pasó con tu energía? ¿No pudiste ir a la Luz?

—No, no quería.

—¿A qué se debe que no quisieras ir a la Luz?

—Que tenía que cumplir mi promesa.

Vemos como toda promesa se mantiene activa hasta que se rompe, atando a ambas partes. En realidad, Raquel ya había cumplido con su objetivo de hacerlo infeliz, pero, al morirse Julián en esa vida, ella ya estaba atrapada, no solo por la promesa, sino por el estado de confusión en el que permanece un alma perdida, por ello es que necesita ayuda para ir a la Luz.

—¿Entonces qué hiciste?

—Volví a mi teatro a esperarlo, sabía que algún día iba a volver.

—O sea, que tu teatro es acá en este país, el mismo teatro donde está Julián ahora.

—No, mi teatro es en Irlanda.

—¿Y cómo encontraste a Julián? Porque Julián no está en Irlanda.

—Sentí la vibración cuando él volvió a la Tierra.

—¿Y qué hiciste entonces?

—Me fui, me trasporté ahí. Él era chiquito, estaba en casa con su mamá. Su mamá estaba limpiando, él me vio, estaba sentado jugando escuchando música, él me vio.

—¿Qué edad tenía Julián?

—Tres años.

—Sigue.

—Me vio y quiso venir a jugar conmigo. Me enterneció por momentos.

Los niños pequeños, al estar todavía muy conectados con el mundo espiritual del cual vienen, pueden ver a las almas perdidas. Las pueden considerar como sus «amigos», y jugar con ellos, o como «monstruos» si se asustan. Normalmente piden a sus padres dormir con la luz encendida, o no quieren dormir solos, o entrar a determinado lugar. Habitualmente los adultos creen que es producto de su imaginación, dejándolos desprotegidos, así como anulando la posibilidad de que, al crecer, mantengan esta apertura a la realidad no ordinaria. También es importante recordar que los niños hasta los siete años no tienen todavía formado su campo energético que los protege, siendo por ello un blanco fácil. Y, como son pura luz, resultan una gran atracción para estas almas perdidas.

—Sigue…

—Pero yo tenía un propósito. Él era muy débil como para poder rechazarme, pero tenía algo tan amoroso que no… no quería hacerle mal.

—¿Y a qué se debe que fuera débil?

—Por la edad, él no podía defenderse solo…

—¿Entonces?

—Jugamos, y me estaba por ir, pero dije: «No, tengo que cumplir mi promesa», y entré en su campo (energético).

—¿Y qué le pasó a Julián desde ahí? ¿Por eso tenía miedo a la noche como me contó antes de empezar la regresión?

—Lo molesté muchos años…

—¿Qué le hacías?

—Lo enloquecía, le hacía tener miedos. Pero, cada vez que le hacía algo, me hacía mal a mí. —Suspiró—. Sufría más yo que él, porque él no era malo, era bueno, y yo hacía que por momentos fuera malo, que por momentos se enojara mucho, que por momentos tuviera miedo, rencores… Lo llevaba para mi lado, ¡y se me fue de las manos…, se me fue de las manos! —Suspiró de nuevo—. Y él empezó a ganar poder y pudo combatir muchas de las cosas que yo le iba haciendo y finalmente dejé de hacerle cosas, pero no me pude despegar de él.

—Entonces, ahora que comprendes todo esto, ¿ya estás lista para despegarte de él?

—Sí.

—Antes tienes que romper esa promesa, Raquel. Vas a decir: «Yo, Raquel, rompo y anulo la promesa que hice en esa vida contra Julián. La rompo y anulo ahora. La rompo y anulo ahora. Definitivamente y para siempre. ¡Definitivamente y para siempre! Para esta y otras vidas. ¡Para esta y otras vidas! De manera irrevocable. Me libero y lo libero. Me libero y lo libero. Me libero y lo libero». —Lo repitió, y proseguí—: Eso es, Raquel, entonces puedes ir a la Luz, ¿queréis que te ayude a ir a la Luz ahora que estás libre?

—Sí, por favor.

—Eso es... Entonces, ahora, Raquel, vamos a pedir a Dios Madre-Padre que envíe su rayo de luz para que te venga a buscar, que venga a buscar el alma de Raquel... Le pedimos a los ángeles custodios que vengan a buscarte... ¿Puedes ver la Luz, Raquel? ¿Puedes verla? ¿Necesitas que te ayudemos de alguna manera con algún rezo?

—¡Ahí está! Ahí apareció.

—Eso es... Entonces vas a sacar toda tu energía del campo energético y el cuerpo de Julián, y de paso me puedes decir si puedes ver si hay alguna otra energía como tú en su campo energético. ¿Hay alguna otra energía en el campo energético de Julián además de la tuya?

Es muy útil aprovechar el momento en que una entidad se retira del campo energético del paciente para preguntar si hay otras que pueden retirarse con ella en el haz de luz, que es la apertura de un portal interdimensional que facilita su pasaje a la Luz. Ella puede registrarlas mejor que nosotros, y más si está con ganas de ayudar, después de haberse arrepentido por haber sido molesta tanto tiempo...

—Sí, hay algo…

—¿Qué hay?

—Una pelota negra.

—¿Y le puedes decir a esa pelota negra que se vaya o yo tendría que hablar con ella?

—Voy a intentarlo… Le hice tanto mal que podría hacer algo por él… Está ahí…

—¿Y qué le hace la pelota negra a Julián?

—¡Ay! —Julián se retorció de dolor.

—¡No, todavía no explotó! —dijo Raquel.

—¿Y quién le puso esa pelota negra?

—No sé, es como un huevo que tiene, hay algo como gestándose, hay que sacarla… —respondió ella.

—¿Cómo la podemos sacar? Vamos a «meter la mano». —Acá hice extracción manual de energías con técnicas chamánicas de sanación y «tomé la energía con la mano» para sacarla del cuerpo de Julián—. ¡Vamos a sacarla!

—¡Sí, ayúdame!

—Eso es, Raquel, vamos sacar esa pelota negra para enviarla al corazón del creador que trasmute esta energía… ¿La estoy agarrando, Raquel? —Ella la podía ver.

—¡¡¡Sí!!! —Con voz de hacer fuerza.

—Uno, dos, yyyyy… ¡¡¡treeessss!!! —Extraje la energía de su campo energético y la arrojé a la Luz donde fue trasmutada—. ¿La sacamos?

—Sí, pero quedan como cosas…

—Seguimos sacando… ¿Se fue?

—Sí. Dentro de todo, me alegro mucho.

—¿Queda algo más, Raquel, dentro del campo energético de Julián?

—Le quedó una herida.

—Voy a coser el campo energético de Julián pidiendo al arcángel Miguel un hilo de oro y plata... —Hice una costura energética para cerrar el agujero áurico—. Eso es... ¿Se arregló?

—Sí.

—Muy bien, Raquel, gracias por tu ayuda. ¿Le quieres decir algo a Julián antes de partir?

—Sí, que me perdone. Que él no hizo nada y que..., ¡ay!, ¡que me perdone, solamente que me perdone!

—¿Y tú, Julián, qué le quieres decir a Raquel?

Julián respondió:

—Que está perdonada, que desde ya está perdonada y que muchas gracias por todo lo que me ayudó en este momento ahora.

—Entonces, Raquel, saca toda tu energía del campo energético de Julián, ahora mereces un muy buen descanso en la Luz... Es el lugar donde descansan todas las almas después de desencarnar para seguir su camino de evolución; puedes ir a la Luz, avísame cuando hayas llegado.

—Ella se fue y acaba de llegar. —Julián la podía percibir.

—Raquel, ¿cómo te sientes en la Luz? —le pregunté.

—Se siente bien, está en paz, hace mucho que la necesitaba —respondió Julián.

—Y tú, Julián, ¿cómo te sientes?

—Me siento bien. —Bostezó—. Hay cosas para trabajar, pero las vamos a dejar para otro momento.

—Entonces vas a elegir un color para envolverte. ¿Qué color eliges?

—El color de la explosión, el dorado.

—Percibe cómo la vibración del color dorado envuelve todo tu cuerpo por dentro y por fuera... Siente la vibración del color dorado en cada parte de tu cuerpo, cada músculo, cada tejido, cada órgano... Cada partícula de tu ser está brillando en la vibración del color dorado que va borrando las imágenes de las experiencias pasadas, apagando las sensaciones..., desprendiéndote definitivamente de todo eso, dejando todo definitivamente atrás y trayendo una nueva vibración a tu vida como Julián. Vas a crear una imagen de lo que quieres sentir en tu vida como Julián ahora, lo que quieres, mereces y necesitas en tu vida. Te vas a imaginar como teniéndolo ahora, como habiéndolo logrado ya, mientras voy armonizando tus chacras (con el péndulo). Y a la cuenta de tres, a tu tiempo, vas a abrir los ojos y volver a tu conciencia física habitual en este día, sintiéndote tranquilo, relajado y envuelto en un profundo bienestar. Uno... dos... tres...

Julián abrió los ojos y comentó:

—El teatro era en Argentina, se llamaba Irlanda, y Raquel estaba confundida... Se llamaba Irlanda o nueva Irlanda, y por eso estaba confundida: «¿Dónde estás?»; «¡En Irlanda, claro!». ¡Me siento más liviano!

Un detalle interesante es que, antes de empezar la regresión, yo había invitado a un té a Julián (la regresión fue hecha dentro del curso de formación y Julián era mi alumno) y, al terminar el té, dijo que se sentía mal, que le había caído mal... ¡Y se fue corriendo al baño a vomitar! Cuando regresó para hacer la regresión, dijo que ya se sentía perfecto, como si nada hubiera pasado. ¿Os acordáis de cómo había muerto Raquel? ¿Hace falta aclarar algo más?

Cuando Julián creció y se fortaleció, ella ya no pudo con él, pero surgía en el momento que más afinidad había entre los dos: ¡cuando actuaba! Después de la regresión, Julián temía perder parte de su talento ahora que estaba «solo»... pero no sucedió: fue más él mismo y ¡sigue siendo un gran actor que desea comprarse un teatro!

Como veis, a lo largo de toda esta trilogía, estoy compartiendo con vosotros, queridos lectores, el honor de escuchar las historias de muchas almas que nos dieron detalles muy precisos del proceso del morir y de la vida después de la muerte. De esta manera, sabemos cómo es el más allá... y no por teorías abstractas, suposiciones, ni interpretaciones, ¡sino porque ellas mismas nos lo cuentan! Y, después de cientos de relatos coincidentes en diferentes personas, llegamos a una conclusión, elaboramos una teoría y creamos una técnica que, repitiéndola, permite a otros obtener los mismos resultados. Si esto no es ciencia, se le parece mucho... Y, si estos no son testimonios que prueban que nuestra identidad esencial está en el alma y no en «el cuerpo y alma unidos», no sé qué más pruebas necesitaríais para responder a las preguntas iniciales del libro...

No me deja ir a la Luz...

Patricia me contó que necesitaba solucionar su relación familiar, sobre todo el problema con un hijo que era hiriente y la insultaba con malas palabras cuando se enojaba con ella. Ella sentía que la casa es un descontrol y tenía la sensación de no poder estar en armonía..., que todo le pesaba mucho.

—¿Qué sientes cuando la casa es un descontrol?

—Me late el corazón y la cabeza va a mil y es un caos de ideas.

—Cierra los ojos y pon tu atención en la respiración. Siéntete protegida en esta luz sanadora y protectora, y vas a imaginar delante de ti una escalera de luz que va hacia la experiencia que tu alma decidió trabajar hoy acá para tu sanación, la experiencia responsable de que sientas que «la casa es un descontrol, todo te pesa, no puedes estar en armonía...». Voy contando del diez al uno y vas a descender por la escalera, túnel o sendero de luz, muy lentamente, yendo a la experiencia que tu alma ya decidió trabajar hoy acá para tu sanación... Diez, nueve, [...] uno. Estás ahí, ¿qué estás experimentando?

—Soy un señor de sesenta o setenta años, con canas y barba, que está arriba de una catarata. Siente angustia en la garganta, está solo, no lo puede compartir... Trata de estar sereno, pero está paraliza-do... Piensa en tirarse por la cascada... Tengo la sensación de que me quiero morir ahí porque no quiero cargar más con todo esto...

—Ese «No quiero cargar más con todo esto», ¿qué te hace hacer en tu vida como Patricia?

—Me hace tener la sensación de que en casa tengo que cargar con un peso enorme, como que siempre tengo que cargar con todo...

—A la cuenta de tres, vas a ir al momento de tu muerte en esa vida. Uno, dos, tres.

—Estoy sereno, en la galería de la casa y, a pesar de tener esa preocupación encima, me voy muriendo... No me quiero morir sin resolver las cosas, pero no tienen solución...

—Y eso, ¿de qué manera afecta tu vida como Patricia?

—Que siento que no tengo control sobre las cosas...

—Deja salir todo eso.

—No me puedo mover... El cuerpo se va muriendo despacio... Me va doliendo la espalda, los brazos no los puedo mover, y no hago nada... Estoy acostado en una cama..., veo un anillo en el dedo de la mano..., se lo doy a una hija mía. Estoy esperando morirme... Me parece que me quedé mucho tiempo así...

—Sigue avanzando...

—Me voy durmiendo. Se va aflojando el cuerpo, las manos... Me cuesta que se afloje...

—¿Qué más vas sintiendo?

—Tengo muy rígido el cuello, el corazón me sigue latiendo, es como que se me hizo muy largo estar tanto tiempo tirado esperando morirme con la cabeza lúcida y no podía mover nada del cuerpo... Tuve tiempo para meditar y preparar el alma... Es como que no puedo salir de ahí.

—¿Te quedó algo pendiente?

—Un abrazo a mi hija.

—Entonces vas a hacer ahora lo que no pudiste hacer en ese momento, la vas a abrazar... —Le di un almohadón para que la abrazara.

—Me hace acordar a mi hija de ahora, a la que más me cuesta abrazar...

—A la cuenta de tres vas a ir al momento en que muere tu cuerpo. Uno, dos, tres.

—Estoy tosiendo, me estoy ahogando con la tos... —Tosió.

—Sigue avanzando.

—Tengo el cuerpo más débil... Pasa más tiempo, estoy más flaco, más viejo, más chupado... Hay nietos por ahí dando vueltas... y estoy contento... ¡Ay!, me vino una sensación horrible de que me tapaban la cara con una almohada...

—A la cuenta de tres vas a ir a esa sensación. Uno, dos, tres.

—Una monja me tapa con un almohadón la cara...

—¿A qué se debe que la monja te haga eso?

—¡Es que no quiere que sufra más...! No puedo respirar, se me aprieta el pecho... pero no me importa porque me quiero morir... No puedo respirar..., se cierra la garganta..., se afloja el cuerpo..., veo lucecitas..., me veo de afuera.

—Quiero que, al observar tu cuerpo, seas consciente de que ese cuerpo no te pertenece, quita toda tu energía de ese cuerpo y de esa vida para que puedas llevarla a la Luz... ¿Puedes hacerlo?

—Sí. Como que la luz viene de una ventana, ¿puede ser? ¡No, no era!... Todavía no puedo ver la Luz...

—¿A qué se debe que no puedas ver la Luz?

—Veo algo negro en el aire, como una mancha, una nube negra.

—¿Y qué tiene que ver contigo esa nube negra?

—No sé, pero lo que se me ocurre primero es como esos caballeros con una armadura de hace mucho tiempo... y está ahí.

—¿Tiene alguna relación contigo?

—Me hace pensar en mi hijo —de su vida como Patricia—, el que me dice malas palabras...

—¿Y tiene alguna relación contigo en esa vida?

—No, porque es de «otra vida»...

—¿Estuviste relacionada con él en otra vida?

—Tiene un hacha y me mató.

—¿Y, ahora, qué hace ahí?

—No me deja ir a la Luz.

—¿Y a qué se debe que no te deje ir a la Luz ahora si ya te mató en otra vida? Pregúntale.

—¿Por qué no me dejas ir a la Luz? —le preguntó, y rápidamente repitió la respuesta recibida—: Quiere que le devuelva la energía...

—Pregúntale qué le sacaste.

—¿Qué te saqué? [...] Que le había sacado propiedades, familia...

—Pídele perdón por lo que le hiciste en esa vida, por lo que le quitaste, y devuélvele toda su energía...

—Te pido perdón y te devuelvo toda la energía que te quité. [...] Está pensando...

—Dile que él te mató, así que también él te tiene que devolver energía.

—Me está abrazando... Siento que ahora se ilumina todo el cuerpo (energético)..., que hay mucha, mucha, mucha luz. Estamos los dos bañados en luz... Me siento livianita y llena de luz... Hay muchas flores y veo a mi bisabuela y me trasmite mucha pila, me está pasando mucha energía...

Después de aquello, le pedí que eligiera un color para envolverse y completé la regresión como siempre, con una armonización del campo energético.

Como sucedió en esta historia, a veces no hace falta llevar a ambos a la vida donde se inició esta relación kármica, en que uno de ellos se convierte en el obsesor y lo podemos resolver hablando en ese momento.

Lo que puede resultaros interesante de esta historia, estimados lectores, es que el enemigo de una vida, luego obsesor en otra, nace como hijo en esta, para finalmente poder liberar el rencor y recibir el pedido de perdón que su alma necesitaba, que ambas necesitaban. ¡Es indudable que los caminos del karma son insondables! El alma siempre trabaja lo que necesita para sanar y su creatividad es infinita porque son infinitas las posibilidades de situaciones en que nuestra energía pueda estar atrapada.

10

Energías de la Oscuridad

Llamamos *energías oscuras* o *fuerzas adversas* a una cantidad de entidades que están en el campo energético de las personas para interferir con el trabajo espiritual de las mismas. Son como los obsesores, en el sentido de que desean obstaculizar de una manera u otra a la persona en cuyo campo energético están adheridas, pero generalmente no tienen un vínculo previo con él o ella. Normalmente son «esclavos» de otros, de una «entidad oscura» de mayor poder y jerarquía, o fueron atrapados por «magos negros» (magos que trabajan para la Oscuridad y manejan entidades para su propósito, las esclavizan o crean) o por la Oscuridad (que se personifica como demonio).

Pero ¿de qué hablamos exactamente cuando nos referimos a «la Oscuridad»? ¿Un ángel caído condenado al averno? ¿El opuesto complementario a la Luz en un mundo de dualidad como el planeta Tierra? No soy quién para afirmarlo, sin embargo, como dice el Dr. José Luis Cabouli en su libro *Terapia de la posesión espiritual*: «De existir el diablo, no es más que el ideólogo de la operación y nunca va a actuar en persona. Siempre enviará a sus sirvientes. Sabiendo esto de antemano, mi trabajo como terapeuta consistirá en devolverle a la entidad obsesora la conciencia de su propia luz».

Debo decir que, en mi experiencia, me he encontrado muchas veces con estos «esclavos de la Oscuridad» y, solo en una ocasión, uno me pidió que lo devolviera a la Oscuridad, asegurándome que él no pertenecía a la Luz. Por si os lo estáis preguntando, sí, hice lo que me pidió, ya que la finalidad del trabajo es liberar al paciente de dicha energía. En otro momento, el alma de un paciente, al morir este en una vida anterior, me dijo que no quería ir a la Luz porque quería «el poder que le daba la Oscuridad» (en esa vida anterior había sido un mafioso que murió en un accidente de auto). Como no pude convencerlo de ir a la Luz, le dije que, si era su elección, yo nada más podía hacer para ayudarle a salir de la Oscuridad (ya tendría otras oportunidades en esta u otra vida para cambiar su elección).

Algunas de estas entidades que llamamos *esclavos de la Oscuridad* dicen no haber tenido nunca un cuerpo físico, pero la gran mayoría son personas que han muerto y, por alguna razón, su alma fue «atrapada» por la Oscuridad en lugar de ascender a la Luz. Son verdaderos esclavos que solo necesitan ser «liberados» y pueden hacerlo por su propia voluntad al recordarles su origen divino, ya que fueron atrapados mediante engaño, pero comprometieron su voluntad con un pacto.

A modo de ejemplo, os contaré la historia de un paciente que tenía adherido uno de estos esclavos de la Oscuridad en su campo energético. En la regresión, prestándole su voz a esta entidad, como vimos hasta ahora, ella pudo hablar conmigo y me contó cómo había empezado todo: este esclavo de la Oscuridad, en su vida anterior, había sido un hombre que estaba con una enfermedad terminal y fue a la iglesia a pedir a Dios que lo curara. Creyó que Dios no lo escuchaba, que lo había abandonado, y, en su ira y decepción, cedió a la tentación del «demonio» que lo esperaba fuera de la iglesia. El muy astuto le prometió «su curación a cambio de su alma» (de más está decir que nunca cumple sus promesas, pero el pacto estaba hecho) y el pobre hombre quedó a merced de las fuerzas de la Oscuridad y tenía que obedecerles; su misión era «obstaculizar a las personas que desean evolucionar». Cuando le expliqué que podía romper el pacto, y lo rompió repitiendo tres veces «rompo y anulo el pacto que hice con la Oscuridad», su alma encontró el descanso en la Luz. Y el paciente que la traía consigo ya no sintió las trabas que tenía cuando quería mejorar, como sucede normalmente en estos casos.

Como comenté al comienzo de este libro, nunca me he encontrado con situaciones que no pueda resolver de esta manera (hablando con estas entidades para convencerlas de que son solo esclavos y pueden regresar a la Luz), aunque, obviamente, a veces son agresivos y pueden querer intimidarme verbalmente o haciendo daño al paciente, incluso diciéndome que se llaman Lucifer o que están con él. Pero, en principio, no hay que temerlos ni creerlos demasiado y finalmente todo se resuelve pacíficamente y son felices de haber sido liberados, regresando a la Luz.

Repito que no puedo afirmar que no haya entidades malignas que deban ser confrontadas con otros rituales como el exorcismo de la Iglesia católica. No lo sé. Yo siempre hago mis protecciones al realizar una regresión. Claro que nunca estamos solos cuando de verdadera espiritualidad se trata, solo somos canales de la divinidad. Allí reside nuestra mayor protección. Quien muchas veces «hace el trabajo por nosotros», a quien pido especial protección y asistencia cuando hay que lidiar con energías densas, es el arcángel San Miguel y su ejército de ángeles. Ellos hablan, aleccionan y se llevan a las entidades, y protegen a terapeuta y paciente. Irene Hickman, en su libro *Desposesión a distancia*, lo explica de este modo: «El efecto de estas fuerzas de San Miguel parece ser el de capturar y ayudar a convencer a los seres "de la Oscuridad" de su verdadera condición y naturaleza y acompañarlos a su hogar, un lugar especial en "la Luz" designado para ellos. [...] Una de las importantes misiones de San Miguel es señalar a los humanos el camino hacia la Esencia de Cristo.

En las mitologías judía, cristiana e islámica, a San Miguel se le atribuye el poder de Líder de los judíos, Príncipe de la Iglesia y Guardián contra el diablo [...] San Miguel tiene como objetivo vencer al "Maligno"».

Entonces, ¿qué mejor aliado para este trabajo? Además, el arcángel San Miguel es una figura universal, no puede disputárselo ninguna religión en exclusividad. Y es, obviamente, el patrón de los exorcistas.

Un pacto...

Lucila me contó:

—Cuando todo va bien, siempre hay algo que lo echa a perder; es como una constante, como que «alguien» me frena. Lucho, lucho, llego..., lo estoy por agarrar... y se va todo a la mierda. Desaparece, me lo quitan, me lo sacan. Entonces estoy sola, vivo sola, hablo con mi perro. Salgo solo para ir a trabajar... Entonces me pregunto: ¿para qué sigo? No tengo ganas de luchar más.

Le indiqué que se recostara con los ojos cerrados, la induje a una relajación profunda y le dije:

—A la cuenta de tres, vas a ir a la última vez que sentiste todo esto o similar. Uno, dos, tres. ¿Qué estás experimentando?

—No sé muy bien. Es como si fuera una cueva o un lugar circular con enredaderas.

—A la cuenta de tres, vas a ir al comienzo de esa experiencia. Uno, dos, tres.

—Veo unas cosas como si fueran cristales alargados de color hielo, celestes... Están todos arriba de una mesa, parecen ser remedios o cristales para curar...

—¿Qué haces?

—Experimentos, medicinas, no sé; cosas para curar a la gente, éramos científicos. Sirven para curar, tienen luz…, cosas adentro que, si se lo pasas a una persona por todo el cuerpo, se cura…

—Sigue.

—Nos mandan a trabajar con desechos tóxicos, vamos juntos… en un bote que está sobre un líquido tóxico y se empieza a romper…

—¿Qué sientes cuando se empieza a romper?

—¡No lo puedo creer! Lo siento en la cabeza, la garganta, me quedo muda, no entiendo nada. ¡Si yo lo revisé, todo estaba bien, no puede pasar esto!

—¿Qué más está pasando?

—El bote se desintegra y nos caemos en ese líquido.

—¿Y qué sientes cuando te caes en ese líquido?

—Me hace mierda.

—¿Qué te va haciendo? ¿Qué parte de tu cuerpo toca el líquido?

—Me empieza a asfixiar. Siento que me están comiendo todo el cuerpo, la garganta, espalda, como si me comiera una piraña y fuego que me quema… y es tanto el dolor que me salgo del cuerpo. Estoy muerta, por eso me salgo y lo veo por arriba.

Después de revivir esta experiencia varias veces para liberar la emoción allí contenida, le dije que tomara conciencia de que su cuerpo había muerto, quitara toda su energía de allí y fuera a la Luz; pero, al igual que le había sucedido a Patricia, no pudo hacerlo, algo la trababa:

—Ahora vas a sacar toda tu energía de ese cuerpo que ya no te pertenece. Sé consciente de que ese cuerpo ya se murió; saca toda tu energía de ahí y de esa experiencia que viviste, llevándote solo el aprendizaje, y lleva tu alma hacia la Luz. ¿Puedes hacerlo?

—No.

—¿A qué se debe que no puedas? ¿Qué te lo impide? ¿Tienes algo pendiente en esa vida?

—No me dejan.

—¿Quién no te deja?

—No sé, hay un túnel lleno de humo negro y oscuro que no me deja pasar.

—Si supieras, ¿hay alguien que no te deje pasar?

—Una energía negra.

—Si supieras, ¿a qué se debe?

—Es la que no me deja avanzar... —Refiriéndose a su vida actual y a no poder ir a la Luz en esa vida.

—¿Puedes hablarle? ¿A qué se debe que esa energía tenga poder para desviarte de la Luz?

—Se divierte conmigo.

—¿A qué se debe que le permitas que se divierta contigo?

—Está conmigo. —Se refería a que esa energía estaba con ella en su vida actual.

—Entonces le vas a decir que se vaya.

—Él me hace hacer cosas que no tengo ganas de hacer. —En su vida como Lucila.

—Entonces le vas a decir firmemente que se vaya, que te deje tranquila y se vaya a la Luz.

En ese momento, una entidad con voz de hombre a través de Lucila dijo:

—¡No quiero, no quiero!... Jajaja... ¡No voy a ir!

—¿Cómo te llamas? ¿Quién eres? ¿Hace mucho que estás con Lucila?

—Sí.

—¿A qué se debe que estés con Lucila?

—Pactos.

—A la cuenta de tres, vas a ir al momento en que realizas el pacto responsable de que estés con Lucila ahora. Uno, dos, tres.

—Tengo miedo.

—¿Quién tiene miedo? —Necesitaba saber quién estaba hablando.

—Yo, Lucila. Me tiembla todo el cuerpo. Creo que yo tengo mucho miedo, no me gusta esto...

—Lucila, sé que puede darte miedo, pero es necesario que dejes a esta entidad que se exprese, para la sanación de tu alma..., para ello viniste aquí... —Entonces, dirigiéndome a la entidad—: Ve a ese momento y vas a recordar. Uno, dos, tres. Estás ahí, ¿qué estás experimentando?

La entidad respondió, temblando:

—Estoy en un pozo...

—¿Cómo eres?

—Estoy en una tumba en el cementerio.

—¿Quién eres? ¿Cómo eres? —Jadeó agitado—. ¿Tienes cuerpo?

—No.

—¿Tu cuerpo se acaba de morir? ¿Cómo es?

—No tengo cuerpo.

—¿Te acabas de morir?

—No sé, estoy en el pozo, estoy perdido.

—A la cuenta de tres, vas a ir al momento en el que todavía tenías un cuerpo. Yo te voy a ayudar a recordar. Uno, dos, tres. Estás ahí, ¿qué está pasando?

—Están todos llorando, yo estoy muerto.

—¿Cómo eres?

—Soy un hombre.

—Sigue... —Se relajó un poco—. ¿Qué está pasando?

—Me dice que se llama Alberto —respondió Lucila.

—Alberto, te voy a ayudar a recordar todo.

—Estoy confundido —dijo Alberto.

—Te voy a ayudar... ¿Cómo muere tu cuerpo, Alberto?

—Me parece que en una pelea... Estamos peleando y como que me quieren clavar un cuchillo y peleo y peleo y me clavan puntazos, como que es una pelea de gauchos malevos o algo así, nos peleamos por una mujer. Me da un puntazo y yo también, pero él es más fuerte y me mata. Y yo le pido fuerza a «alguien»..., que me ayude para que no me deje morir y ahí... hago un pacto.

—¿Con quién?

—Supongo que con el demonio.

—¿Qué le prometes?

—Que «le voy a traer almas que sean débiles», se las voy a traer a Él. Yo las voy a matar y Él se las va a llevar. Entonces Lucila va al cementerio, es chiquita, va con alguien, con el papá siempre, y ahí me meto adentro de esa chiquita.

—¿Y qué te hizo hacer eso, Alberto? ¿Nunca pudiste ir a la Luz? ¿Lo estás pasando bien así?

—No, porque lo estoy haciendo pasar mal a Lucila...

—¿Quieres romper ese pacto?

—No quiere, no me deja.

—Lo puedes hacer porque eres dueño de tu propia voluntad. Repite conmigo: «Yo, Alberto, rompo y anulo el pacto que hice en esa vida con el demonio...».

—¡No, no, no...! —se rio fuerte—. No quiero, no quiero. ¡¡¡¡No, no!!!!

—¿A qué se debe que no lo quieras romper?

—Acá estoy bien y me divierto.

—Te diviertes ¿haciendo qué?

—Mal a Lucila, la confundo...

—¿Y por qué te divierte eso? ¿Tienes alguna cuenta pendiente con ella de otra experiencia? —Para saber si se trataba de un «obsesor kármico».

—No.

—¿Y por qué es tan importante Lucila?

Otra voz:

—Alberto me interesa.

—Entonces, ¿quién eres?

Alberto de nuevo:

—Sí, soy Alberto, pero estoy con el demonio, con él hice el pacto. Estamos los dos.

—Entonces, ¿no quieres romper ese pacto? ¿Quién no lo quiere romper?

—El demonio —dijo Alberto.

—¿Entonces, lo hicieron juntos? Lo puedes romper tú solo, vale igual.

—Yo me quiero liberar.

—Le vamos a pedir ayuda al arcángel Miguel. Repite conmigo: «Arcángel Miguel, ata con cordones de luz cósmica la energía del demonio y el pacto que hice con él, y sácala de mi campo energético ahora».

Alberto lo repitió tres veces y añadió:

—Deseo profundamente liberarme de este pacto y me arrepiento por lo que hice. Pido perdón a la Luz y pido a la Luz, a través del arcángel Miguel, que me reciba y me ayude a cortar el pacto que hice con el lado oscuro y me ayude a liberarme ahora.

—¿Qué sientes que ahora? ¿Puedes liberarte?

—Veo la Luz.

—Bien, Alberto. Primero vas a decir: «Rompo y anulo definitivamente el pacto que hice con la Oscuridad y libero a Lucila de mi energía». —Alberto repitió la fórmula tres veces—. Eso es, ahora ve hacia la Luz y llévate toda tu energía del cuerpo de Lucila... Avísame cuando estés ahí.

—Está relindo.

—¿Estás ahí? Bien. ¿Sacaste tu energía del cuerpo de Lucila?

—Sí, mi mamá me vino a buscar, me está abrazando y me está llevando.

—Ahora —dirigiéndome a Lucila— vas a volver al momento de tu muerte en aquella vida y vas a sentir cómo vas a la Luz; y fíjate si necesitas reparar tu cuerpo antes. Vas a sacar ese líquido que tragaste, para ir libre a la Luz.

Recuerden que Alberto le obstaculizaba su ascenso a la Luz cuando murió en esa vida, por eso necesita regresar al momento de su muerte, para continuar la experiencia y cerrar esa vida.

—¿Qué sientes?

—Estoy muy cansada…

—Puedes llevar ahora toda tu energía hacia la Luz. Eso es…, avísame cuando hayas llegado. Llama a la Luz. —Toqué la campana tibetana—. Vamos a pedirle a Dios Madre-Padre que te venga a buscar. Ahora busca ese rayo de luz y anda hacia él… Avísame cuando hayas llegado.

—Ya estoy.

—¿Cómo te sientes?

—Bien. Estoy en medio de cosas blancas…, como todo luz, gente que me busca, es lindo.

—Siente esa sensación y elige un color para envolverte…

No sabemos quién era el que estaba con Alberto, pero no hay que asustarse, el miedo debilita nuestro campo energético y nos quita poder. ¿Su alma estaba atrapada por la Oscuridad? Tampoco lo sabemos. O tal vez lo encadenó la fuerza del pacto o su creencia en el mismo. ¿Quién lo puede asegurar? Sí sabemos que su alma no podía elevarse y estaba perjudicando a otros. Y con eso basta, justifica hacer lo posible para liberarla y liberar a su víctima. ¡Y acudir por las dudas al arcángel San Miguel!

También puede suceder que un alma perdida no quiera elevarse y esté muy enojada, muy rebelde o reacia a hablar con nosotros, o a marcharse del campo energético de nuestro paciente. Podemos sospechar que esta alma, ya sea una simple alma perdida, un obsesor o incluso un extraterrestre (tema tratado y ejemplificado en el libro II, *Amores que vienen de vidas pasadas*) tenga a su vez «adosada una entidad oscura», que es quien le trasmite estas actitudes, sensaciones y emociones, y no le permite partir a la Luz. Si lo sospechamos, podemos preguntarle. Simplemente nos dirigimos al alma perdida con quien ya habíamos establecido el diálogo, con estas palabras o similares: «¿Es posible que esa resistencia, enojo, negativa a ir a la Luz, deseo de dañar al paciente..., pertenezca a una entidad que está junto a ti? ¿Hay otra entidad adosada a tu campo energético?». Si nos dice que sí, le pedimos a esta entidad que hable con nosotros, que se exprese. De esta manera, pasamos a hablar con el «esclavo de la Oscuridad» que está adosado al campo energético del alma perdida, para que deje en paz a ambos (al alma perdida y al paciente).

Suena extraño y un poco demasiado complicado, lo sé, pero algunas veces puede pasar. Yo misma no lo sabía cuando comencé con este trabajo hasta que escuché la exposición de Roberto Sánchez Lucero en un Congreso Iberoamericano de Terapia de Vidas Pasadas, y me he encontrado con ese caso algunas veces.

Protecciones

Sabemos que la mejor protección contra el accionar de las almas perdidas (oscuras, obsesores o distraídas) es dedicarnos a la evolución de nuestra alma, sanar las heridas del pasado, albergar emociones positivas que elevan nuestra vibración —y, por ende, la protección del campo energético— y poner un límite a los que quieran «colgarse» de nuestra energía. Pero también podemos reforzarla con fórmulas específicas; cada sistema de sanación energética, cada escuela mística y cada religión tiene las suyas. Queridos lectores, si necesitáis alguna, os recomiendo las protecciones que me enseñó Foster Perry, un gran chamán, quien prologó esta trilogía. Podéis hacerlas todas las mañanas antes de salir de vuestra casa, cada vez que entréis a un lugar con mucha gente y, sobre todo, ¡antes de trabajar con regresiones!

Los cuatro arcángeles

Mirando hacia el Este con brazos extendidos decimos en voz alta: «Rafael, delante de mí. Gabriel, detrás de mí. Miguel, a mi derecha. Uriel, a mi izquierda. A mi alrededor, un círculo de Luz. Sobre mí, la divina presencia de Dios».

Envolvernos en la energía del arcángel San Miguel

Repetimos mientras imaginamos que nos cubrimos con su luz: «Me envuelvo en la energía de luz azul del arcángel Miguel, donde ningún error, ninguna energía extraña (aquí decimos de lo que queremos protegernos) puede entrar. ¡Está totalmente prohibido entrar en mi campo energético, está totalmente prohibido colgarse de mí, está totalmente prohibido tomar de mi energía!».

Podemos agregar: «¡Yo soy Yo, y en mi cuerpo y en mi vida solo mando yo, porque yo soy yo!».

Estrella de cinco puntas sobre el cuerpo

Trazamos imaginariamente sobre el cuerpo el pentagrama, tocándonos con la mano primero la rodilla izquierda; luego, la frente; en tercer lugar, la rodilla derecha; después el hombro izquierdo, el hombro derecho y la rodilla izquierda, y lo repetimos tres veces, que es la dirección para que el pentagrama nos sirva como protección. Podemos cerrar con un círculo y repetimos tres veces: «Estrella de Belén, protege mi aura».

11

Historias insólitas

Las historias que cuentan las almas en los libros de esta trilogía son relatos que podrían ser los de muchas otras, no solo porque siempre en alguna podemos reconocernos, sino también porque son experiencias habituales en una Terapia de Regresión a Vidas Pasadas con Orientación Chamánica. Sin embargo, cuando creemos haberlo oído todo, aunque sea tan solo para mantener viva la capacidad de asombro, a veces es saludable que se nos presenten... ¡historias insólitas!

No es porque nos sorprenda demasiado que esto pueda suceder, sino porque no es lo que vemos corrientemente a lo largo de una terapia, ni en los cursos, pero pueden darse perfectamente las situaciones que escucharemos a continuación:

Lorenzo, un joven de treinta años, vino a verme para hacer regresiones. En su trabajo estaba bien, pero a veces sentía que «no era suficiente» y quería progresar en otras áreas de su vida. Por eso, dijo, había ido a verme.

—Hay algo que me traba, no puedo estudiar, no puedo avanzar en la vida, no me puedo concentrar... Doy muchas vueltas antes de ponerme a estudiar y después siento que no estoy suficientemente preparado, como que «no puedo fallar», y eso me pone muy nervioso. Siempre estuve así y ya no quiero más eso. Quería hacer regresiones, pero no sabía con quién, así que busqué en internet y te elegí.

Completé la entrevista con otros datos personales (como siempre hago antes de comenzar una regresión) y luego le dije que se recostara en el diván, cerrara los ojos e hiciera unas respiraciones profundas, y yo lo fui guiando en una relajación hasta llegar a la experiencia responsable de sus «trabas» en aquel momento.

—A la cuenta de tres, vas a estar en la experiencia que tu alma necesita trabajar hoy acá para tu sanación; la experiencia responsable de que sientas que «algo te traba y no puedes avanzar en la vida». Uno, dos, tres... Estás ahí, ¿qué estás experimentando? —Comenzó la regresión expresando mucho dolor y contrayendo el cuerpo; daba la impresión de estar siendo torturado o algo similar—. ¿Qué estás experimentando? —Le repetí la pregunta dado que no respondía.

No contestaba, se quejaba, se retorcía, se ahogaba... Insistí con mis preguntas reiteradamente, pero no contestaba y seguía retorciéndose de dolor, con manos y pies junto al cuerpo, como si estuviera atado boca arriba, hasta que repentinamente comenzó a reírse socarronamente. Ahí sospeché, por el cambio sorpresivo de actitud y de voz, que «no era él» quien se reía, sino que se trataba de una energía (una entidad) adherida a su campo energético, un alma perdida. Esta entidad se estaba expresando ahora a través de él, usando su cuerpo y sus cuerdas vocales.

—¡¡¡Jajajajajajajajaja!!! —Riéndose fuerte con voz de hombre más gruesa que la de mi paciente.

—¿Quién eres? ¿Cómo te llamas? ¿Hace mucho que estás en el campo energético de Lorenzo?

—Sí, ¡jajajajajaja!

—¿Por qué estás tan divertido?

—No sé... ¡Jajajajajajaja!

—¿Qué es tan gracioso?

—¡Jajajaja! No sé..., no sé... ¡Jajajajajajajajaja!

—¿Eres una energía que está con Lorenzo?

—No sé... ¡Jajajajaja!

Estuvo así toda la sesión, sin aceptar hablar conmigo. Me di cuenta de que se trataba de una entidad muy resistente a dejar el campo energético de mi paciente y que una sesión no iba a ser suficiente para convencerla de salir de ahí. Así pues, convenimos un segundo encuentro.

En la sesión siguiente, la entidad se volvió a manifestar y entonces le dije:

—A la cuenta de tres, vas a ir al momento de la muerte del último cuerpo que tuviste. Uno, dos, tres. ¿Qué estás experimentando? ¿Dónde estás ahora? ¿Qué le pasó a tu cuerpo?

—¡Jajajajajajaja!

—¿A qué se debe que no quieras hablar conmigo?

—¡Son plebeyos! —dijo gritando de repente.

—¿Quiénes?

—¡Uh! —Suspirando.

—¿Te hicieron algo? ¿O tú les hiciste algo?

—¡Ay, ay, ay, ay! —Retorciéndose primero y riéndose después—: ¡Jajajajaja!

—¿Por qué te ríes?

—*Je ne sais pas!* —«No lo sé», respondió en francés.

—¿Eres francés? ¿Me entiendes?

—¡Jajajajajaja!

—¿Qué te sucedió?

Empezó a toser y se rio de nuevo:

—Soy Jean-Pierre... No me quiero morir... Son unos plebeyos, son inferiores... —Y continuó entonces con los dolores de la aparente tortura—. ¡Jajajaja...! No pueden hacerme nada..., ya no me duele... ¡Jajajaja...! No me puedo morir... ¡No me voy a morir!

Yo sospechaba que ya no le dolía, porque su cuerpo había muerto en aquella vida (y por esa razón se reía de sus torturadores), pero en ese momento él no se había dado cuenta de su muerte, de tan aferrado que estaba a la vida (tanto que, aún en el siglo xxi, no lo aceptaba). Recordad que el tiempo no existe para el alma, por eso no veía la Luz y se había quedado «perdida», adhiriéndose luego al campo energético de Lorenzo (en esta o aquella vida, no lo sabemos todavía). No habló más conmigo en toda la sesión ni accedió a irse. Al finalizar, le dije a Lorenzo que recuperara su conciencia habitual, o sea, que volviera Lorenzo a tomar el control de su voluntad, lo que no fue nada fácil, pues tuve que insistir muchas veces, ya que la entidad se negaba a pasar a un segundo plano nuevamente (el grado de posesión sobre la conciencia de mi paciente era muy alto).

Quisiera aclarar que, si permitimos a una entidad que se manifieste en la sesión y luego no logramos que se vaya, no estamos dándole más fuerza, sino todo lo contrario. Al ser «descubierta» va perdiendo poder. Y, al permitirle expresarse, expresar su dolor y su angustia (ya que está atrapada en este plano, permaneciendo con las emociones y sensaciones que tenía al morir), la ayudamos a soltarlos para, finalmente, poder ascender.

Lorenzo expresó su deseo de liberarse de la o las energías que lo estaban trabando en su vida y sentía que no iba a ser fácil, así que decidimos hacer las sesiones que fueran necesarias para conseguirlo.

En la siguiente sesión, comenzó la regresión con un gesto repentino de dolor, agarrándose el costado del cuerpo con sus manos y retorciéndose hacia mi lado…

—¿Tienes algo clavado?

—Es una espada… —Con voz muy gruesa—: ¡Argh, argh! ¡Me muero!

—¿Quién te está matando?

—¡No quiero morir! ¡No puedo…, no quiero morir! *Merde!* ¡Dejadme, dejadme! ¿No lo entendéis? ¡No pue-do mo-rir! ¿Quién carajo son estos idiotas? ¡Jajajajaja!

Gritó y sucedió lo que nunca me había pasado: se sentó en el diván frente a mí (el cuerpo de Lorenzo mide casi dos metros, o así me pareció en ese momento), abrió los ojos y me miró fijamente. Mantuve la calma (perder el control es lo único que no podemos hacer en momentos como este). Y él, enojado, gritó de nuevo:

—¡¿No os dais cuenta de quién soy yo?! ¡Perros imbéciles! ¡No sois nada! ¡Idiotas, idiotas!

«¡Otra vez el francés de la sesión anterior…!», pensé yo, e intenté calmarlo:

—Trata de…

—¡Para, para! Maldita sea… —Empezó a llorar, se agarraba la cabeza con las manos… Se volvió a enojar y, de repente, me miró y me preguntó—: ¿Cómo te llamas? ¿Quién eres?

—Yo me llamo Sarita, ¿y tú?

—Sarita, *¡fuck you!* ¿Quién te crees que soy? —enojado—. ¿No sabes quién soy?

«¿Desde cuándo un francés insulta en inglés?», me preguntaba yo, pero no era el momento para sacarme esas dudas. Dado su tamaño y su furia, mejor seguirle la corriente tratando de mantener la calma, así que solo le contesté:

—No, ¿quién eres? ¿Cómo te llamas?

—¡¿No sabes quién soy yo?! ¡¿Que quién soy?! ¡Por Dios!

Se veía que estaba ofendido porque no lo reconocía, pero no me mostré intimidada:

—No, ¿cómo te llamas?

—*¡Fuck, fuck!* No me entiendes. ¡¿Que quién soy?! Sarita, *fuck…!* *Fuuuck you…! Fuck off!!* ¡¿Quién soy?! *What the fuck!* —Golpeó en el diván con los puños muy enojado… y luego bajó la voz como arrepintiéndose de haberme gritado, y dijo suavemente—: Piedad... Pregúntame, por favor.

—¿Quién eres?

—¡Jajajaja! —risa sobradora.

—Tal vez no importa quién hayas sido..., tal vez, solo es importante...

—¡Para!

—... Que ahora estás en el cuerpo de Lorenzo...

—¡Para, para! —Golpeó con los puños el diván—. ¿Sabes quién soy? ¡Soy inglés!

—Bien, eres inglés...

—*Yes*... Este idiota... es débil...

—¿Quién? ¿Lorenzo?

—¡Sí! No..., para..., él es fuerte, pero... espera, que te voy a contar... Estoy esperando hace mucho tiempo... —dijo en voz muy bajita, como en secreto.

—¿Qué estás esperando hace mucho?

—Hablar contigo.

¡Esto sí que no me lo esperaba! Pero, como si nada, continué:

—¿Y por qué estás esperando hace mucho hablar conmigo?

—Yo te conozco...

En ese momento tocaron el timbre de la puerta, pues la sesión de dos horas había terminado y esperaba a otra persona. Entonces le dije:

—Te voy a pedir que me esperes un segundo, atiendo a otra persona y después podemos terminar esta conversación..., ¿te parece?

—¡Ufff! —protestó.

—Aguárdame un segundo... —Me levanté a abrir la puerta, le pedí a la persona que entraba que me esperase unos minutos en la sala de espera y regresé al consultorio—. No tenemos mucho tiempo... dímelo rápido y, si no, nos vemos en otro momento, ¿sí?

—No...

—Dime rápido, ¿qué necesitas decirme?

—¿Cómo decirlo? Yo... yo... —Hacía gestos como apesadumbrado y hablaba lento y en tono bajo, ceremonioso.

—¿Qué sucede?

—Sarita..., ¿por qué?, ¿por qué? No puede ser....

—¿Qué no puede ser?

—*Fuck you! Fuck you*, Sarita!... *Fuck you*, Sarita... *Fuck you!* ¡Me dejaste! —dijo levantando el tono de voz, enojado.

—¿Cuándo te dejé? ¿En otra vida? —«¡Lo que me faltaba!», pensé yo.

—*Fuck you!*

—Yo te pido disculpas si te hice algo en otra vida que no recuerdo ahora...

—*Fuck you!*

—¿Estás enojado? ¿Recuerdas por qué te dejé?

Imaginad mi situación: me encontraba frente a un obsesor kármico, con un grado de posesión bastante alto, que, en lugar de estar en mi campo energético, como sería lo habitual, ¡estaba en el de mi paciente y lo trajo a la consulta para encontrarme! O al menos eso parecía. El procedimiento normal para resolver este caso hubiera sido llevar a ambos (paciente y obsesor) a que recordasen esa vida donde estuvieron juntos, y ahí solucionar el problema (como vimos en el caso de la dama del teatro). Pero esto era diferente, mucho más complicado, ¡ya que el obsesor que tenía mi paciente venía por mí! No tenía intención de dañarlo a él, sino de encontrarse conmigo, o eso decía. Para solucionar el problema, yo misma tendría que hacer la regresión ahí mismo... ¡Imposible! Para peor, esa entidad ni comprendía que estaba en otra época, que se había muerto..., que yo ya estaba en otro cuerpo, otra época..., ¡y se enojaba porque yo no lo recordaba!... Y para complicar más las cosas, ¡tenía otra persona esperando en la sala! Quería dejarlo para otra sesión, pero había que convencerlo. Estaba muy enojado y se negaba a escucharme, por lo que podríamos haber estado así días enteros.

—No, para... *Fuck you*, Sarita! *Fuck you!*

—Bien... —dije tratando de no perder la paciencia.

—¡No! Bien ¿qué? ¡Bien nada! *Why? Why?* —«¿Por qué?», en inglés. Se arrodilló frente a mí (yo estaba sentada en una silla) y dijo—: *You left me... Why?*[3]

—*You can tell me the whole story another day...* —«Puedes contarme toda la historia otro día», le respondí también en inglés.

—*Fuck you! Fuck you!* —repitió enojado durante tres minutos por lo menos.

Entonces, cuando le iba a pedir perdón por lo que fuera que le hubiera hecho, me interrumpió diciéndome que no lo entendía, que me había esperado mucho tiempo. Me suplicó que lo ayudara y que le dijera que lo conocía...

—Tienes que entender que estás en otra época y yo en otro cuerpo... —Se removía inquieto en el diván, ya que había conseguido que volviera a acostarse—. ¿En qué época estás cuando pasa esto?

—Carajo..., ¿no te acuerdas? ¡¿Cómo que estás en otro cuerpo?!

—Yo no estoy en Inglaterra, esto no es Inglaterra...

—¡Jajaja! ¡Estás loca!

—¿Cuál es tu nombre?

—*Fuck you*, Sarita! *Fuck you!!*

—No digas más malas palabras... ¿Cuál es tu nombre?

—*Fuck you, fuck you*, Sarrrrrita... Sarrita...!

—Si eres tan agresivo...

—Sí..., no soy como Lo-ren-zo... *fuck you*, Lorenzo. Grrrr...Yo tengo mucha fuerza..., ¿ves? —Lorenzo se contrajo con dolor.

---

3. «Me dejaste, ¿por qué?».

—Ya sé que tienes mucha fuerza y puedes hacerle mal... ¿Te gusta hacerle mal?

—Sí, ¡ah!

—Lamento las cosas como fueron, pero ahora tienes que elevarte, tienes que ir a otro lugar, no puedes estar en el cuerpo de Lorenzo... ¿No te gustaría tener tu propio cuerpo?

—¡Este cuerpo! ¡Mira lo que me preguntas! *Fuck you*, Sarita!... *Fuck you all!... You... You are shit!...* ¡Yo soy el *fucking, fucking, fucking* rey!

—Bueno, su majestad...

—Soy inglés... Vosotros sois unos imbéciles...

—¿Quiénes? ¿Los ingleses?

—No, todos vosotros..., los plebeyos...

—¿Los plebeyos somos imbéciles?

—Imbéciles, perros...

—Bueno...Yo te voy a pedir ahora... —Estaba empezando a perder la paciencia.

—*Fucking*...

—Te voy a pedir que vuelvas a tu reino ahora, ¿sí? Porque ahora estás en el mío —dije firme.

Y entonces, él, bajando la voz y suavizando el tono, respondió:

—No..., para, para, Sarita. ¿Por qué me quieres echar?

—Es un rato... Hay otra persona que vino a hablar conmigo.

—Pero hace mucho tiempo que quiero hablar contigo...

—Sí, ya lo sé, pero te pones a decir malas palabras, a protestar...

—Sí, pero necesito decir...

—Vas a esperar un poco, porque ya es tiempo...

—¡No!

—Entonces dime rápido, que tengo que atender a otra persona.

—¿Me vas a dejar de nuevo por otra persona?

—¿Yo te dejé por otra persona?

—Sí, pero... no puede ser... No eras Sarita...

—¿No era Sarita? ¿Tenía otro nombre? ¿Qué nombre tenía?

—No sé... No puede ser... —dijo confundido. Estaba empezando a darse cuenta de la situación, o tal vez me confundió con otra.

—Claro, ¡porque era otra época! Tu cuerpo se murió, ¡ya ni te acuerdas! Nosotros tenemos muchas vidas, una misma alma, muchos cuerpos...

—Sí, ya sé...

—¿Lo sabes? Muy bien, entonces recuerda que en ese momento eras un rey...

—¡*Soy* un rey, carajo! *Fuck!!!*

No iba a ser tan fácil como parecía cuando empezó a darse cuenta de que algo raro había. Normalmente es ahí cuando reconocen que son un alma perdida y los convenzo de ir a la Luz, pero...

—Espera un momento, que te termino de explicar...

—*Fuck!*

—Ahora me escuchas a mí —dije con voz firme—. ¿Sabes por qué todavía eres un rey? Porque tu cuerpo se murió y tú quedaste acá y te metiste en otro cuerpo...

—Quiero decirte... ¿Qué quieres que haga?

—Quiero que permitas que vuelva la conciencia de Lorenzo.

—Te estuve esperando por siglos...

—Ya me encontraste, así que vamos a cortar eso porque tienes que ir a la Luz. Voy a cortar todo lazo que me una contigo...

—No, no, no... Espera...

—¿Qué quieres que haga?

—Espera, espera... *Wait, wait...*

—Vas a ir a la Luz, ¿lo prometes?

—¿Por qué, Sarita? ¿Por qué no te acuerdas?

—Porque yo ahora soy otra persona.

—*Fuck you!* No..., no...

—Es un capricho... Demuéstrame que me quieres yendo a la Luz... Yo te voy a guiar... ¿Qué pasa?

—No.

—Si no te vas a la Luz, vas a seguir solo...

—Vamos, Sarita, ¡¿qué carajo te pasa?! ¡Perdón! ¡Ayúdame! Mira, mira..., eres mi luz...

—No..., yo no soy tu luz, hay otra luz más importante. Cuando llegues, vas a entender todo.

—Tú no lo entiendes, Sarita... Eres tan fría... ¡Odio las mujeres frías! Yo soy un rey, un rey...

Lo hice acostarse y toqué los cuencos tibetanos para llamar a la Luz, pero él se puso de pie nuevamente y empezó a hablar en francés:

—*Je... je suis le roi, je suis français! Je suis français*[4]..., un *fucking* francés!... *Je suis le roi, le roi, je suis le roi!!* —Se levantó y se tiró al suelo, con lo que quedó acostado de espaldas en el consultorio, con brazos abiertos en actitud de triunfo, diciendo en voz bien alta y excitado—: *C'est magnifique... Tu ne le comprends pas. Je suis le roi... Hahaha! Je suis le roi... Haha, le roi de France, merde! Je peux faire tout ce que je veux! C'est magnifique! C'est magnifique! Mais non, mais non..., maintenant Lorenzo... Il est seulement un soldat, un putain de soldat... Dieu, dieu, dieu... Je n'ai pas compris, pourquoi un soldat? Il peut faire tout ce qu'il veut! Tu me comprends bien, Sarita? Lorenzo est grand, ¡grande!, mais il ne le sait pas parce que je suis lui... Oui, je suis lui! Putain!... Oui. Je suis le roi, il est le roi..., merde... Il est magnifique... Il est moi..., merde... S'il te plaît, dis-lui qu'il est un putain de roi!* ¡Sí! ¿Lo entiendes?[5]

---

4. «¡Yo soy el rey, soy francés!».

5. «Es magnífico... Tú no lo entiendes. ¡Soy el rey! ¡Soy el rey! El rey de Francia, ¡mierda! ¡Yo puedo hacer todo lo que quiero! ¡Es magnífico! ¡Es magnífico! Pero no, pero no, ahora Lorenzo es solamente un soldado, un maldito soldado... Dios, dios, dios... No lo entiendo, ¿por qué un soldado? ¡Puede hacer todo lo que quiera! ¿Tú me comprendes bien, Sarita? Lorenzo es grande, es grande... pero él no sabe que es grande porque yo soy él... Sí, yo soy él... ¡carajo! Sí, yo soy el rey, él es el rey..., mierda... Él es magnífico... Él es yo..., mierda... ¡Por favor, dile que es un puto rey!».

—Sí, le voy a decir todo eso, siéntate ahí. Si no, no le digo nada…
¡Acuéstate ahí! —Le señalé el diván.

—*Cela est magnifique… You can't understand…* ¡Jajajaja! ¿No lo
entiendes, Sarita?

—Sí, túmbate ahí… —Lo quería volver al diván—.

—No entiendes lo que es… ¡No entiendes nada! La sensación *est
magnifique*… Un *fucking* rey… No lo entiendes Sarita, ¡¡no en-tien-des lo
que es!! ¡No entiendes nada! ¿Por qué te quiero? ¿Por qué carajo te quiero?

—Te pido por favor que dejes volver a Lorenzo. Túmbate ahí y que
vuelva Lorenzo…

—¡Jajajaja! ¡Yo soy Lorenzo!

—¿Eres Lorenzo? —Quería saber si la conciencia de Lorenzo había vuelto a tomar el control de su cuerpo.

—*Je suis Lorenzo…* —Me estaba «tomando el pelo».

—A la cuenta de tres, vas a permitir que regrese la conciencia de
Lorenzo…

—Mierda…, mierda…, es *magnifique* recordar que *je suis le roi de
Francia*… ¡Quiero muchas francesas!

—Están en la Luz… ¡Se terminó, anda ya! ¡Y vas a dejar volver a
Lorenzo! —zanjé con voz firme y ya cansada de la situación—. ¡Vamos, basta! Ahora sí, a la cuenta de tres, Lorenzo, vas a volver a la
conciencia de tu cuerpo físico…

—¡Jajaja…!

—Saca tu conciencia del cuerpo de Lorenzo, lo prometido es prometido… Deja volver a Lorenzo.

—¿Puedo volver?

—En otro momento.

—¿Te puedo tocar?

—¡No! Basta, ¡basta! ¡Si no, no vendrás nunca más! A la cuenta
de tres, vas a correr tu conciencia a un lado y va a volver la conciencia de
Lorenzo…

—*C'est magnifique!*

—¡Basta! A la cuenta de tres, Lorenzo, vas a volver a tu conciencia física habitual. Uno…

—*C'est magnifique… Le roi…*

—Dos…

—*Sarita…, qu'est ce que tu fais? Qu'est ce que tu fais? Merde, Sarita!*

—«¿Qué haces? ¿Qué haces? ¡Mierda, Sarita!—. Por tu culpa Lorenzo está solo.

—¡Basta! Uno, dos…

—*Fucking…* ¡Espera!

—No, hay alguien esperando…

—*S'il te plaît, dis-lui qu'il est le roi*[6]…

—Se lo voy a decir, pero solo si vuelve a la cuenta de tres. Uno…

—*Au revoir!*[7]

—*Au revoir…* Dos, tres…

—¡Ah! —Se sentó, incorporándose de repente con actitud de sorprendido.

—¿Quién eres?

—Lorenzo.

—Volviste, ¿eres consciente de todo lo que pasó?

—Sí… No lo puedo creer…

Quiero aclarar que Lorenzo es una persona sumamente educada y respetuosa, y que nunca se comportaría conmigo de ese modo, aunque reconoce cada tanto «enojarse sin control por algunas situaciones» (sobre todo las relacionadas con la injusticia). Ese es el accionar de este obsesor, que cada tanto quiere expresarse; por eso Lorenzo necesita liberarse de él.

---

6. «Por favor, dile que es el rey».

7. «¡Adiós!».

—¿Te sientes bien? ¿Te acuerdas de todo lo que pasó?

—Sí, después te escribo.

Inmediatamente después de la regresión no es el momento adecuado para analizar la experiencia ni evaluar los resultados, hay que esperar que pasen unos días. Habitualmente les pido a mis pacientes que me escriban por mail contándome cómo se sienten y qué resultados les dio la regresión. En este caso en particular, el «rey obsesor» no había salido de su campo energético todavía. Unos días después, Lorenzo me escribió un correo electrónico describiendo lo que él recordaba de la experiencia (ya que el paciente «corre parte de su conciencia a un lado», pero escucha y siente todo lo que la energía dice y hace:

«Me dio por hablar en inglés y, aunque no entendía dónde estaba ni recordaba nada, me sentía prepotente y con poder. No me acuerdo qué dijiste que me enojó, y luego fue como reconocerte, sentirme rechazado e insultarte en inglés, creo... ¡Perdón! Y pasaba de la furia a declaraciones de amor, y después me dio por hablar francés, y estaba contento por el descubrimiento de que era un rey no sé de qué... La verdad es que me sentía fuerte y omnipotente, como si pudiera hacer lo que quisiera; pero se exasperaba porque lo rechazabas o no lo reconocías... La verdad es que no lo entiendo..., quizás estaba enamorado de una mujer y la identificó contigo, ¿o puede ser que en un pasado te conociera y ahora te haya encontrado? ¿Puede ser? Hay muchas cosas que no recuerdo...».

Os confieso que, a pesar de saber que toda regresión es una experiencia nueva y desconocida, nunca imaginé encontrarme cara a cara con un rey despechado que me viniera a reclamar por haberlo abandonado siglos atrás... ¡Esto sí que me sorprendió! Pero el alma es así: todo continúa más allá de la muerte física cuando dejamos algo pendiente.

Lorenzo continuó su escrito relatándome lo que le había sucedido al salir del consultorio ese día. Hay que decir que es habitual que, luego de hacer una regresión, salgamos muy aliviados, como habiéndonos sacado un gran peso de encima, pero también es normal que sigamos recibiendo información en sueños o tengamos en cualquier momento del día repentinos *insights* («darse cuenta»), o que nos sigan «cayendo fichas» durante mucho tiempo, ya que la sanación y la comprensión alcanzada durante la regresión no se agotan en la experiencia vivida y el proceso continúa durante un periodo. Fue en este contexto que Lorenzo «recibió» una información muy clara:

«Bueno, al salir de tu consultorio, seguía con esa energía y fui a un Havanna a tomar un café para recuperarme, y entonces me dio por escribir esto que no sé de dónde salió: *Je vis en 1214, en Bourgogne, mais j'ai le pouvoir en Angleterre aussi... Sarita, je t'aime; pourquoi tu me rejettes? Je te connais très bien, maintenant je te découvre à nouveau... Il est trop tard, la vie est triste sans toi... Merde, merde! Oui, je suis irascible, je sais, excuse-moi...* Yo no lo maté... *C'est la guerre... Ton frère? Ta soeur ? Ta mère? Je ne peux pas te raconter* lo que pasó *ce soir... Oublie ce qui c'est passé...*[8] Y otras cosas como que te amaba y te esperó mucho tiempo.

Esto al menos arrojó cierta luz al hecho de que esa entidad hablara en los dos idiomas. Evidentemente nos habíamos conocido en una vida anterior en Francia, allá por el año 1200, había habido alguna guerra, algo había sucedido con parte de mi familia y... ¡su alma no había podido desprenderse de esa experiencia todavía!

---

8. «Vivo en 1214, en Bourgogne, tengo poder en Inglaterra también... Sarita, te amo; ¿por qué me rechazas? Te conozco muy bien, ahora te descubro nuevamente... Es demasiado tarde, la vida es triste sin ti... ¡Mierda, mierda! Sí, soy irascible, lo sé, perdóname... Yo no lo maté... Esto es la guerra. ¿Tu hermano? ¿Tu hermana? ¿Tu madre? Yo no te puedo decir lo que pasó esa tarde... Olvida que sucedió...».

En otra sesión, Lorenzo expresó su deseo de saber qué relación tenía él con ese rey, ya que sospechaba que se habían conocido en una vida anterior (y que esa era la razón por la cual esa alma estaba con él ahora). Lo induje en una regresión con esa intención y comenzó a relatarme:

—Veo un bosque, siento incredulidad… Tengo una camisa blanca, cabello ondulado y castaño, botas. Me entero de que me buscan, me acusan…, algo de religión. Montsegur. Caballo. Matanza. Veo una especie de caballo y una bandera, o la manta del caballo… Los colores son de los que vienen del norte de Francia, que van a invadir a los del sur… Amarillo y azul cuadriculado uno y, el otro, una casa real, aliados de los que están a favor del papado. No sé si soy yo el que va en el caballo… Acantilados, montañas, una cueva… Las mujeres son rubias… y yo no sé qué hacer en ese momento… Veo un estandarte azul y amarillo… Trato de explicar a esta gente… Atado… Tengo miedo a meterme profundo en la regresión porque siento que se me cierra la garganta. Se me paraliza el cuerpo o alguien me ahorca, o estoy amordazado. Tengo sensaciones físicas muy fuertes y se cortan de golpe. Poder… Eucaristía, sangre, poder… Poder… Imagen de una Virgen, hereje… Yo no soy malo… Tengo que enfrentarme a gente con más poder que yo… Muerte, posesión, poder… El poder es la causa… Tierra, Francia… Cuello…, me cortan la garganta… Incredulidad… Es demasiado el castigo… Monasterio… Alguien atado en una cueva… Lo puso el obispo… Una puerta con una cruz marrón con forma redondeada arriba… No quiero entrar… Tortura… No quiero saber…

—Entiendo que es muy difícil pasar por esta experiencia, pero tu alma necesita sanar y, para ello, tienes que atravesar esta experiencia…, por más difícil que sea, para liberarte definitivamente de todo esto que está afectando tu vida como Lorenzo.

—Veo un calabozo de piedra, yo estoy sobre una mesa de piedra, los grilletes al costado me agarran los tobillos y las muñecas. Hay tres personas mirando; los que me ganaron a mí, los que me juzgaban. No entiendo la situación. Siento perplejidad... Estar atado y no poder moverme. Me falta el aire...

—Deja salir todo eso. Sigue...

—No comparto sus ideas. Estaba en una posición donde creía que no me iba a pasar nada. Había un sistema de alianzas, fue rápido, inesperado. Había gente que no tenía nada que ver y por cuestión de convicciones se sumó a los que venían del sur. Fue demasiado rápido y sorpresivo. Yo creí que había que ser mas diplomático y no llegar a tanto, y en realidad tenía que haber... una especie de culpa... Para evitar derramamiento de sangre se provocó más... Quise evitar la lucha y los enfrentamientos armados, no los enfrenté. Tendría que haber peleado, no ser tan inocente y no pensar que eran... No pensé que iban a ser sádicos. Después me di cuenta de que venían a matar y no a llegar a un acuerdo o a tratar de entender la situación, y ese fue el error. Quise ser bueno, y hay gente con la que no hay que ser bueno... Una situación de no querer llegar a pelear o a matar o algo que pasó que no tiene sentido, pero había que hacerlo porque, si no, moría gente nuestra. Pero como que eran todos lo mismo, no tenía sentido matarnos entre nosotros, pero hubiera sido necesario matarlos a ellos, no por placer, había que defenderse. —La voz le había cambiado completamente, era más gruesa y hablaba con dificultad. El cuerpo de Lorenzo se puso totalmente rígido, con los pies con el empeine arqueado, los brazos pegados a los costados del cuerpo y moviendo las manos con dificultad al hablarme. Giró su cara hacia mí (aunque mantenía los ojos cerrados) y me habló directamente, continuando su relato con un acento francés muy marcado, tratando de hablarme en mi idioma con dificultad—: Ellos nos metieron en la prisión, no pude hacer nada... No..., *merde*... de... *second*... Porque... ellos... nos mataron a todos… —tosió—. *Les prisonniers*… Los prisioneros… *Je ne* pude hacer nada, no… —Hablaba como un moribundo, con mucho esfuerzo.

—¿No pudiste hacer nada? ¿Los mataron a todos y no pudiste hacer nada?

—¡Ah! Nos mataron a todos… *Je* tengo mucho dinero, pero… —suspiros de dolor—, *j'ai tout perdu*[9], porque… no quise…, ah…, matar a mis…, ¡auch!, compatriotas…, eeeh, entonces…, ¡aaah!…, me… castigaron… con la prisión y la tortura… *Je vais* sufrir por *mon* equivocación y *l'erreur*… *Je vais*… ¡ah!… —quejas de dolor—, soportar como un hombre todo, porque… mi culpa… y… tengo que enfrentar a mi…, ¡ah!…, responsabilidad… como… como un hombre grande…, ¡ah!,… como un hombre de la casa de la nobleza, aunque tenga que sufrir otra… *J'ai accepte*…, ¡auuh!…, mi destinación, creo que algún día…, ¡ah!…, se sabrá la…, ¡aaaah!…, verdad… *Je* estoy bien… *après*… *Je* estoy tranquilo de mi conciencia… *Parce que je* soy una *bonne personne*, una persona que…, ¡ah! Yo no traicioné a nadie… y…, ¡ah!…, yo no…, ¡ah!…, quiero hacer sufrir a inocentes…, ¡ah! No sé… *ce qu'il faut faire*, qué hay que hacer ahora… y me duele el corazón y *je*… quiero… ayudar…, ¡ah! *Je veux oublier*… Yo quiero… olvidar… la situación *parce que ce très* dolorosa para mí y tengo que morir… *Parce que*… yo me lo merezco… *Parce que je* fui… *Je* soy un cobarde… *Je vais souffrir* como un hombre la tortura, *les humiliations*… porque ya acepté las… *J'ai accepté* la responsabilidad…, *la responsabilité* de cuidar a la población…y yo falté a *mon* palabra… y por mi culpa mucha gente murió… y…, ¡ah!, *je* doy la vida… con sufrimiento y con mi sangre, y algún día… *je* podré demostrar que yo soy a *bonne* persona…, un

---

9. «Tenía mucho dinero, pero lo perdí todo».

bon commandant... pero *je ne sais pas comment le faire...*[10] *Je m'appelle Frank Lefèvre, je m'appelle Frank Lefèvre, je m'appelle Frank Lefèvre... Frank...*, ahhhh! *J'habitais dans les Pyrénées, c'est très joli*[11]... para vivir..., es muy lindo..., lindo..., es muy lindo... *C'est triste* dejar a *ma famille pour mon erreur...* Mi error... por... —tosió, se ahogaba—. *Je...* Yo tengo una familia muy grande... *Je suis...* Estoy, eh... muy orgulloso de la familia que *j'ai formé...* Yo no sé si, si... ellos están sufriendo como sufro yo..., pero yo sé que nos vamos a reencontrar otra vez y en otro lugar para vivir bien. *Je* estoy feliz, feliz de *pouvoir...* de poder... de expresar contigo esta situación que es *très difficile* y dolorosa para solucionar... la situación actual, pero... *Je ne peux* olvidar esta manera de morir y de castigo tan dolorosa que *j'ai* sufrido en mil doscientas cuarenta y ocho... —tosió de nuevo—. Mil doscientos cuarenta y ocho, en los Alpes. *Je vais mourir...* Voy a morir dentro de poco..., ¡ahhhh! *Je suis...* Estoy preparado *pour mourir... peu importe... je me'n fiche*[12]! —más enérgico—. ¡Ahhhhhh! Ya no me importa que *mes ennemis...* que mis enemigos me maten, porque *mon âme*, mi alma... *est immortelle*, inmortal. *Je sais...* Lo sé y *je suis* tranquilo, *parce que je suis quelqu'un qui a fait*[13]... buenas cosas para la gente..., pero Dios quiso que yo sufriera ahora este castigo, y yo lo acepto... con hombría y con... mi honor... intacto. ¡Ahhhhhhh! *Je...* te agradezco tu ayuda... *Oui, j'ai été un peu...* estaba un poco dolorido por la tortura, *mais... pardon...*, te pido perdón... *Je sais*

---

10. «Podré demostrar que soy una buena persona, un buen comandante. Pero no sé cómo hacerlo».

11. «Me llamo Frank Lefèvre [...]. Vivía en los Pirineos, es muy bonito».

12. «¡No me importa!».

13. «Porque soy alguien que ha hecho...».

que ma souffrance... sé que mi sufrimiento ha finalizado y que *je vais mourir... je vais mourir...* voy a morir...

—Recuerda que, al morir, tienes que llevar tu alma a la Luz...

—¡Ahh!... ¡ah!... fu.... fu... ¡ahhh!... ¡ahhhh!... —Silencio.

Repentinamente Lorenzo abrió los ojos y se incorporó, quejándose.

—¿Quién está hablando? ¿Eres Lorenzo? ¿Pudiste percibir «al francés» yéndose? —Él asintió—. ¿Cómo te sientes?

—Me duele el cuerpo, pero bien...

—Ahora vas a elegir un color para envolverte y hacer la armonización final, ¿qué color eliges?

—Azul.

Al finalizar la armonización, le pregunté si había tenido conciencia de lo sucedido, y me respondió afirmativamente. Para mí fue muy conmovedor, pues realmente me sentí acompañando a un moribundo en sus últimos momentos y escuchando su confesión; nunca había tenido una experiencia así. Además, a través de este libro, he podido dar a conocer su verdad, como él mismo había predicho.

La pregunta es: ¿La historia de Lorenzo, la de alguien más o la de ambos coinciden en el mismo tiempo histórico? ¿Será que se conocieron? Lo diferente de esta regresión a otras es que resulta un poco confusa y es difícil saber con exactitud cuándo pertenece a Lorenzo en una vida anterior y cuándo al alma perdida... Mi suposición es que se trata de la historia del alma perdida del francés que acabamos de escuchar morir, pero que las imágenes que describía Lorenzo al principio de la regresión eran de ambos (al comienzo suyas y luego del francés). Creo que estuvieron juntos y se conocieron, incluso pueden haber sido uno el que iba a caballo y el otro el que veía venir el caballo. Esto sucede muchas veces al comienzo de una regresión: el paciente cree que es «su vida anterior» la que está relatando y, en un momento determinado, simplemente se da cuenta de que es «la historia de otro»; entonces cambiamos la estrategia de abordaje de la regresión y hablamos directamente con «ese otro».

Al cabo de un tiempo, Lorenzo me escribió: «La verdad, me sorprende que sea tan común eso de las "almas pegadas". Siento la necesidad de un cambio, de cortar con lo que venía haciendo... Es difícil de entender, sentí que tenía mi voluntad dividida (síntoma típico de quien tiene un alma perdida consigo, ya que le trasmite sus deseos), y una especie de vacío; eso te lo conté desde el principio. Quizás tenga que ver con esta gente, no sé, pero en general me siento bien».

A pesar de que Lorenzo decía estar bien (debo agregar que por aquella época conoció una chica y que sigue muy contento con la relación), yo no estaba segura de si el moribundo era la misma persona que el rey que me reclamaba haberlo dejado; parecían dos personalidades muy diferentes. Por lo que era posible que Lorenzo todavía no estuviera «solo». No sería extraño que fueran más de uno los que se presentaban, ya que, cuando tenemos una energía pegada, es muy factible que haya más.

De hecho, según me contó él mismo un tiempo después, una mañana, al despertar, todavía somnoliento, comenzó a tener sensaciones que identificaba con la de un «alma perdida adosada a su campo energético que se quiere expresar». Entonces, demostrando una gran facilidad para «recibir información» y haciendo como hacía conmigo en la sesión, permitió que esta entidad le «hablara». Esto es lo que me contó:

Pregunté quién era, como hacías tú, y era ¡un francés! Esta vez me movía el cuerpo, pero no me dolía, no era desagradable como antes, no era como en la tortura. Me dijo que se llamaba Jean-Claude Bonet de Briens. Le pregunté por mí, y me dijo que yo me había llamado Leonard François Teilhard de Toulouse y había vivido entre 1204 y 1248... También dijo que yo era rubio, con pelo ondulado, ojos grises y alto; era un aristócrata y negociaba (yo le había preguntado cómo era). Él me hablaba francés y trataba de esforzarse para hablar español, para que lo entendiera...

Toda la experiencia era muy natural, yo no pensaba nada... Me dijo que venía a pedirme disculpas por lo que me había hecho (en otra vida): que, porque envidiaba la mujer que yo tenía, me había traicionado y por su culpa me persiguieron y torturaron hasta la muerte. Me dijo que yo tenía un gran corazón y que él se había equivocado siendo envidioso y egoísta, y ahora quería fundirse con Dios y para eso necesitaba que yo lo perdonara. Está en quinta dimensión y quiere ascender, me dijo. Pidió ser mi guía, mi ángel guardián, y me había ayudado muchas veces. «Nada es casualidad, nada». «El francés ya lo tienes en el corazón», añadió, y también me contó que estuve en Francia y en Inglaterra.

Le pregunté por ti, Sarita...: «*Merveilleuse...*, *merveilleuse!*», dijo; ya que fuiste la que le hizo surgir eso a él... Me llevó la mano al tercer ojo y giró el dedo en redondo para activarlo. Antes de irse me dijo: «*Au revoir!*». Estaba excitado, contento como un niño, porque se iba a la Luz.

Bueno…, esta nueva información es muy interesante, la «cereza del postre», aunque no lo aclara absolutamente todo, pues nos quedamos con un poco de intriga, como qué le hice yo «al rey francés» exactamente, y cuántos eran en realidad. A juzgar por los nombres, sin embargo, «el francés muerto en la tortura» no era mi paciente en otra vida, sino un alma perdida que en su momento no había partido a la Luz. Lo que nunca había oído es que el Guía Espiritual podía haber sido una persona conocida de otra vida que necesitara nuestro perdón y que, como compensación por el daño hecho, «trabajase para nosotros» como protector. ¡Nunca lo sabemos todo y menos sobre el mundo espiritual! Además tuvo la bondad de brindarle la información que Lorenzo venía buscando: quién había sido él en una vida anterior. Qué relación tuvo exactamente con el rey o con el moribundo, no estoy segura, pero estuvieron en la misma época y vivieron situaciones similares. ¿Todos cátaros? No lo sabemos.

Casualidad o no, en marzo de 2010, tuve la oportunidad de ir al sur de Francia a recorrer el Camino de María Magdalena. Allí me adentré en la historia de los cátaros, que se llamaban a sí mismos «los buenos cristianos» y seguían las enseñanzas de Cristo, pero no comulgaban con el Papa de Roma. Cuenta la historia que, en Sainte Marie de la Mer, en Occitania (sur de Francia), llegaron en un barco María Magdalena, María Salomé, María Jacobé, Marta, San Maximino y Sara, escapando de las persecuciones de los romanos después de la crucifixión de Jesús. A partir de ahí, seguirían diferentes caminos para predicar. Las versiones más osadas dicen que con ellos vinieron también María, la madre de Jesús, y Jesús mismo, que no habría muerto en la cruz. Un libro titulado, en su traducción al español, *Los cátaros* comienza así:

Atrás queda la generación de los apóstoles y la Iglesia cristiana está en plena expansión. Sin embargo, según dónde se instaura, surgen distintas interpretaciones del cristianismo. Al rebatir las ideas que consideran heréticas, los Padres de la Iglesia sientan, ya en el siglo II, las bases de una teología cuyos dogmas acabarán de definirse en los grandes concilios de los siglos IV y V. Hacia el año mil, la herejía resurge en Bulgaria, Grecia, Sajonia, Champaña, Borgoña y Perigord, y también empiezan a arder las hogueras. En el siglo XII, junto a Pedro de Bruys, Enrique de Lausana o Valdo de Lyon, hay otros herejes que pretenden vivir siguiendo el ideal evangélico. Bernardo de Claraval los descubre en Occitania y, en Renania, el abad de Schonau inventa para designarlos el término «cátaros».

[...] Montsegur («monte seguro», a raíz de ser un pico rocoso casi invulnerable), en pleno corazón de los Pirineos, fue la sede y cabeza de la Iglesia cátara. Es probable que la decisión de asediar Montsegur se tomara en el concilio de Béziers del mes de abril de 1243. El asedio comenzó en mayo, mientras el conde de Tolosa estaba en Italia tratando de arreglar los asuntos con el emperador y el Papa. El conde de Foux se unió a los franceses (del norte) y se sucedieron los ataques. Entonces llegó un mensaje de «resistir hasta la Pascua», ya que el conde de Tolosa llegaría en aquel momento con refuerzos, pero la situación era desesperada. Se iniciaron negociaciones y se acordó una tregua, tras la cual Montsegur fue entregada a la Iglesia y al rey. Los que no abjurasen, serían quemados en la hoguera; los demás habitantes o defensores de Montsegur serían interrogados por el inquisidor Ferrer. Se cree que en Montsegur se guardaban documentos valiosos para la Iglesia, incluso se habla del Santo Grial... Algunos lograron escapar escondiéndose en cuevas y poniendo sus tesoros en resguardo, pero no se ha sabido nunca nada de ellos.

Muchos libros e historias han intentado llenar este vacío... La persecución a los «herejes» cátaros, los buenos cristianos, continuó hasta que los exterminaron, pero la búsqueda del Santo Grial continúa. Particularmente siento una gran afinidad con esta zona de Francia y, cada vez que visito Barcelona por mis libros, no dejo de tomarme unas vacaciones en Montpellier, donde vive parte de mi familia. Cada viaje me recibe con encuentros muy profundos..., ¡sin duda, almas de otras vidas! Por ahora, las que he «recordado» han sido de épocas más antiguas, pero tengo la sensación de que han sido muchas más y muy significativas para mi vida actual... ¡Ya lo iré descubriendo! ¿Recuerdan en el libro I de la trilogía, *Sanar con vidas pasadas*, donde expliqué que me comunico con el alma de mi hijo fallecido a través del sistema del péndulo? Bien, pues reescribiendo este capítulo para la edición de este tercer libro, ahora con Urano (Kepler) en España, decidí preguntarle qué sabía él sobre mi conexión con el sur de Francia. Transcribo su respuesta: «En Montpellier quemaron a tus súbditos y a toda mi familia». En ese instante se apoderó de mí una angustia terrible y lloré hasta agotar esa emoción. Le pregunté quiénes los habían quemado y me respondió: «Vuestra majestad, el Papa».

Dos marineros en Buenos Aires

Esta es otra historia diferente y también muy particular. Sucedió durante uno de los cursos de formación en vidas pasadas que dicto, entre un grupo de alumnos que hacían sus prácticas de regresión a cuatro metros de distancia, pero en la misma habitación. Normalmente, cada uno está concentrado haciendo su propio trabajo sin interferir ni molestar o ser molestado por la pareja que está practicando cerca de él; esta vez, sin embargo, no sucedió de este modo...

Los alumnos estaban estudiando el tema de las almas perdidas y poniéndolo en práctica entre ellos. Había tres parejas (terapeuta-paciente) con un asistente cada uno. Cada paciente/alumno tenía un alma perdida adosada, y cada terapeuta/alumno dialogaba con ella, como vimos que es usual hacerlo en esta técnica. El caso fue que una de estas almas perdidas reconoció a un compañero de aventuras: ¡el alma perdida con la que trabajaba otra pareja!

En uno de los grupos estaba Teresa, como terapeuta, y Cristián de paciente, y en el otro extremo de la sala estaban Laura y Roberto, terapeuta y paciente respectivamente. Más allá otra pareja hacía también su práctica sobre el mismo tema. Todos los que oficiaban de terapeutas hacían al mismo tiempo la relajación guiada y luego cada uno seguía con su paciente, cada cual en su propia regresión. En este caso, les preguntaron si había «alguna energía en su campo energético» y, si era así, que se presentara y hablara, «utilizando las cuerdas vocales del paciente», como ya hemos visto que se procede si queremos saber si hay alguna entidad.

Al empezar la regresión, cuando Cristián le prestó su voz al alma perdida que tenía adherida a su campo energético, inesperadamente, en lugar de hablarle a Teresa, comenzó a hablarle al alma perdida que estaba con Roberto, y que se llamaba Juan:

—¡Cállate, Juan!

—¿Por qué te molesta tanto que Juan hable? —preguntó Teresa.

—¡Fue por culpa de ella…! Me rompe las pelotas. ¡Jajaja! Rompe las pelotas… ¡jajaja! ¡Qué carajo te importa, es un *boludazo* ese…, lo conozco hace tiempo…! —Su manera de hablar distaba mucho de ser la del paciente/alumno, que era un profesional educado.

—¿Conoces a Juan?

—¿Qué te importa? Es un *boludazo*, lo conozco.

—¿Lo conoces? ¿De dónde conoces a Juan?

—Del barco.

—¿De qué barco?

—Del barco de Buenos Aires. ¡*Boluda*, cállate la boca si no sabes nada!

—¿Cuál es el barco de Buenos Aires?

—El *Quinquena*.

—¿Qué pasó ahí?

—¡¿Qué carajo te importa?! ¡Cállate la boca!

—¿Cómo te llamas?

—Romualdo.

—¿Lo conoces de ahí?

—Sí, es un pedazo de *boludo*, lo queríamos sacar del barco.

—¿Y qué hacíais en el barco?

—Nos *culeamos* todas las *minas* —Como podéis ver, las almas perdidas hablan tal cual eran en esa vida donde murió su cuerpo.

—¿Y qué pasó?

—Se escapó.

—¿Se escapó?

—Sí, se escapó.

—¿Qué hiciste?

—Nosotros bajamos del barco a buscarlo.

—¿Y lo encontrasteis?

—No, es un *capo*, el hijo de puta.

—¿Y por qué estás tan enojado?

—Basta de preguntar bobadas, ¡ya *callate*!

—Bueno, y cuéntame, ¿qué más pasó?

—¡Lo quiero matar...! ¡Lo quiero matar!

—¿A quién quieres matar?

—Este... me sacó la *mina*, es un *pelotudo*.

—¿Qué pasó?

—No sé..., es un *compadrito*... Se quiere joder todo, no sabe con quién se enfrenta... ¡Esa de Buenos Aires es mía! ¡Juan! Te estoy viendo, estas ahí, hijo de puta. Ya termino con este y te liquido a vos...

—¿Liquidaste a Juan?

—Escapó, el *turro*... Ya te voy a agarrar, hijo de puta...

—Sigue, ¿qué más pasó?

—¡Aaaayyyy! *Boludo*, ahí no piqué... ¡Aayyyyy! *Boludo*, duele...

—¿Qué te está haciendo?

—Me clavó... El hijo de puta me tocó...

—¿Quién te clavó?

—¡El otro hijo de puta! Estoy sangrando... No, ¡no! Pedazo de *boludo*... No, no... ¡Ooooohhh!

—¿Dónde te clavó?

—Acá en la panza… ¡Uy, qué pedazo de hijo de puta!

—Sí, sigue… ¿Qué más?

—¡Qué carajo! Cállate, *boluda*. ¡Déjame, que estoy sufriendo! ¡Oh! ¡Qué hijo de puta este Juan! Me hizo distraer… *Pelotudo*… ¡Oooyy! No… Me muero… ¡Ay! Hijo de puta otra vez… ¡Uuuu! ¡Ay!

—¿Qué más experimentas?

—¡Me estoy muriendo!

Atrás se oyó a la otra alma perdida, Juan, diciendo: «¡Te odio!», pero no refiriéndose a Romualdo, ya que Juan estaba concentrado en su propia experiencia, en esa misma vida compartida por Romualdo, pero en la que estaba reviviendo el momento de su propia muerte, que fue cronológicamente después que la de Romualdo. Juan no oía a Romualdo, solo este estaba pendiente de lo que decía Juan:

—¡¿A quién odias?! ¡Me estoy muriendo por tu culpa! ¡Aaaayyyy! No… Esto duele… ¡Qué manera *boluda* de morir…! ¡Qué manera *boluda* de morir…! ¡Qué hijo de puta, *boludo*…! ¡Juan, *vení* para acá, hijo de puta, *sacame* esto…! ¿Quién me ayuda, *boludo*?… Nadie me ayuda… Estoy solo…

—Yo estoy contigo, ¿quieres que te ayude? —Fue un error de Teresa hacer esta pregunta, porque el terapeuta no está en la escena donde sucede la regresión. Es comprensible que los alumnos se confundan al principio, ¡pero el alma perdida no les deja pasar una!

—No… *Callate*, no hay nadie…

—¿Qué te está pasando? —Otra pregunta obvia e innecesaria, solo hay que permitir que el alma atraviese la experiencia sin tanta intervención.

—Me estoy muriendo. —Tosió—. ¡*Callate* la boca!

—Siente lo que te está pasando…

—¡¿Qué voy a sentir, *boluda*?! ¡*Callate*! No me hagas sentir eso, boluda, me quiero morir tranquilo…

Seguía tosiendo y retorciéndose, y se oyó lo que decían en la regresión de los otros compañeros, donde la voz de Juan (el alma perdida) nombró a una tal Luisa para despedirse de ella. Decía frases como «Tu cuerpo está cortado» o «No me engañes»...

Teresa continuó:

—¿Eres consciente de que te estás muriendo?

—¡*Callate*! —Tosió de nuevo—. ¡Ay, me duele mucho! ¡¿Qué haces, *boluda*?! A vos te conozco, *boluda*...

—¿Sí? ¿Me conoces? ¿De dónde me conoces?

—Eres una *putarraca* del barco... y te fuiste con Juan —¡Nada es casual en esta vida!

—¿Yo me fui con Juan? —preguntó Teresa muy sorprendida. Y, por decir algo, para que no se enojara, añadió—: Bueno, ya fue eso de Juan... Yo no le doy bola a Juan... Es un *boludo*...

Teresa se involucró en la historia en lugar de preguntar simplemente: «¿Qué pasó?». Pero la dificultad de permanecer en el rol neutral de terapeuta es comprensible en alguien que recién comienza a entrenarse en esta técnica, ¡sobre todo si se ve de golpe implicada en la escena!

—Sí, Juan te está buscando... ¿Te crees que soy *boludo* yo?

—Pero Juan es un *boludo*...

—No, Juan es buen pibe, no lo critiques, no seas *boluda*. Juan es mi amigo, el único que le dice *boludo* soy yo, vos no le *decís* nada, ¡vos no eres quién!

Continuó el error de Teresa al entablar una conversación coloquial y perder así el rumbo de cómo conducir una sesión con un alma perdida. Esto puede suceder si no estamos muy atentos, ya que realmente sentimos que estamos ante esa persona como si fuera de «carne y hueso», olvidándonos de que, en realidad, ya murió hace mucho tiempo; solo hablamos con su alma, que está en el cuerpo del paciente, quien lo único que necesita es ¡que esta energía se retire lo antes posible! Teresa, en cambio, en lugar de decirle algo así como: «Sigue avanzando hasta el momento de tu muerte», le preguntó:

—¿Cómo estás?

—¡Me estoy muriendo! ¿Ves que eres una *pelotuda*? Yo no sé cómo Juan se fijó en vos... ¡*Sos* más *boluda*!..., pero *reboluda*, *sos* la reina de las *boludas*, eh... —De repente se oyeron llantos atrás—. ¡Juan!, ¿te *podés* callar y no llorar nada, pedazo de *boludo*? Es un *cagón*..., pero *recagón* el *pelotudo*... —Más llantos—. ¡Qué hijo de puta, *dejá* de llorar pedazo de *pelotudo*! Juan es un buen tipo pero es medio *boludo*, se va atrás de todas las *minas*, y yo dejo que me agarre alguna...

—¿Por eso estás tan enojado?

—No me *preguntés*. Los que sabemos somos nosotros... Nosotros somos del barco, vos de barcos no *sabés* nada, no *sabés* un carajo, a vos te gustan los veleros...

—¿Cómo sabes que me gustan los veleros? —Efectivamente, en su vida como Teresa le gustaban los veleros. Las almas perdidas normalmente pueden percibir lo que nos pasa a quienes estamos ahí, y a veces utilizan la información para desconcertarnos o amenazarnos cuando no quieren irse.

—Porque yo sé eso, te conozco...

—Me gustan los barcos, tenemos un tema en común... ¿Cómo está tu herida?

—Me sale sangre.

—¿Vas a sobrevivir?

—No... ¡¿Qué voy a sobrevivir?!

Tan reales son estas experiencias que Teresa se olvidó de que ¡ya estaba muerto! Lo que sucedía era que estaba reviviendo su muerte exactamente como fue. En estos casos somos testigos de ella en «vivo y en directo», como si nos hubiéramos deslizado por el «túnel del tiempo», demostrando así que el tiempo en realidad no existe, todo es multisimultáneo para el alma, sucede todo junto, en el mismo momento.

—¿Quieres que haga algo por ti?

—Si *querés* hacer algo…, quiero hablar con Juan antes de morirme.

—¿Quieres que busque a Juan?

¡Ahí sí que se complicó! Teresa solo debía seguir haciendo que el alma perdida experimentara su muerte para luego elevarla a la Luz; de todos modos, al salirse del esquema habitual, ¡nos permitió ser testigos de una situación muy original, única!

Ella se levantó, fue a ver qué pasaba con la otra regresión y allí se enteró de que Juan ya estaba muriendo y su tema era otro: la despedida a Luisa. Hablarle de Romualdo habría sido interferir en su propio proceso de partir a la Luz, por lo que le indiqué que le dijera a Romualdo que Juan se estaba muriendo.

—Pero Juan…, si está acá al lado mío. Juan… ¿qué estás diciendo? *Traémelo* a Juan al lado mío, *traémelo* ¡*Traémelo*! ¡*Traémelo* a Juan, por favor! —a gritos.

—Cállate…, acá está Juan —dijo Teresa, poniéndole un almohadón al lado, como se hace habitualmente en esta técnica.

—No, no, este no es Juan… Lo estoy oyendo, no te hagas la *boluda*…

Entonces intervine para ayudar a Teresa más de cerca, pero, aunque le hablé al oído, Romualdo me oyó y dijo:

—Vos, Sarita, *callate*, te conozco… ¡Me lo traen a Juan acá; acá lo quiero!

—¿Para qué lo quieres?

—Lo quiero abrazar, lo quiero abrazar…

—Ahora lo vamos a buscar.

—Bueno…, me lo *traés* acá, y no me quiero ir hasta que lo encuentre, así que no te hagas la *boluda*. Si *querés* hacer algo por la vida, *vení* y *ayudame*.

—¿Y después te vas?

—No sé, no me preguntes *boludeces*. Me estás preguntando *boludeces*, ¿te das cuenta? ¡*Cumplí* tu trabajo y listo!

—¿Y qué le digo? Porque, si lo vas a cagar a trompadas, no va a querer venir.

—No. Dile que me confundí. Dile que lo quiero mucho.

—Ya te lo vamos a buscar.

Yo le dije a Teresa que le dijera que Juan ya se había ido a la Luz, pero Romualdo me oyó y gritó:

—¡Sarita, no le aconsejes *boludeces*! Conozco a Juan, no se va a ir sin saludarme...

—¿Quién te clavó el cuchillo?

—En una *rosca*..., una situación.

—Pero no fue Juan.

—No... *traérmelo* a Juan que le quiero pedir perdón.

—Es que Juan ya murió.

—¿Y de qué murió?

—Le clavaron un cuchillo.

—¡Nooo! ¿Y quién le clavó un cuchillo? ¿Quién fue el hijo de puta? ¡Que lo hago mierda!

—No sé.

—¿Me *averiguás*, por favor, quién mierda es el que le clavó un cuchillo? Con lo que me queda de energía los cago a patadas... Juan, no te vayas... ¡Eeeh! Juan, no te vayas a ningún lado, ni carajo, ni luz ni... qué te importa...

—¿Sabes quién es Luisa? Dicen que a Juan lo mataron unos tipos porque no lo querían de pareja de Luisa... ¿Sabes quién es esa Luisa?

—¡Qué hija de puta esa Luisa!... ¡Jajaja! Lo cagaron a patadas por Luisa... Era una hija de puta, Juan. Te metiste con esa... ¡Eres un *boludo*!... Ya te *cagó*... No, no..., Dios. ¡Juancito, Juancito! ¿Qué hiciste? Terminamos los dos iguales... ¡Qué *boludos* que fuimos...! Juancito, *vení* a abrazarme, *boludo*, que nos cagaron por *pelotudos*... ¡Qué *boludos* que fuimos...! —Al oír que Laura ya está llevando a Juan a la Luz, Romualdo exclama—: ¡No le pidas cuenta de nada, *tráemelo* para acá...! ¡No lo manden a ninguna luz que lo quiero ver antes!

—Está con Luisa ahora. —Ella también apareció como alma perdida en el cuerpo de Roberto.

—¡No, a la Luisa no me la traigas, que va a venir otro hijo de puta y me va a clavar el puñal a mí! ¡No, no, no..., no me traigas a esa *conchuda* de mierda... ¡No, no, no! Pobrecito Juancito...

—Ahora vamos a ver si conseguimos traer a Juan...

—Bueno, *tráemelo* a Juancito..., que esta Buenos Aires de mierda... siempre fue una mierda... *Tráemelo* a Juan, así me despido y ¡chau! no jodo más a nadie...

Se oyó llorar a Luisa atrás y Romualdo creyó que era Juan quien lloraba.

—¿Qué le quieres decir a Juan?

—Juan está sufriendo. Dile que no sufra.

—No es Juan, es Luisa.

—No sufras, Luisa, no llores, ¡que ya se te murió Juan!

—Juan está esperando a Luisa para ir a la Luz... Luisa está llorando por Juan, porque a Juan le clavaron un cuchillo...

—Eeeh... Luisita, Luisita, ¡*vení pa'cá*! Ya está, Juancito ya se fue, va a estar conmigo en un ratito... —Luisa seguía llorando—. Estamos los dos igual... Juancito es buen *pibe*, va a estar arriba con todo los angelitos, no te preocupes... —Se oyó a Luisa pidiendo perdón a Juan—. Ya está... —Luisa lloraba aún, y Romualdo empezó a toser, a escupir—. No doy más... —Silencio prolongado.

—Romualdo...

—¡Eeeeh!

—¿Estás muerto?

—Sí, ¿no ves? *Mirá*, pobre, ese cuerpo está hecho mierda…

—¿Cuál, el cuerpo de Romualdo?

—No, este cuerpo…, este *boludo*… —Evidentemente, atravesó la muerte del cuerpo de Romualdo, y estaba siendo consciente de que se encontraba dentro de otro cuerpo.

—¿El cuerpo de Cristián?

—El que se llama Cristián…

—¿Y por qué está hecho mierda ese cuerpo?

—Yo lo hice mierda…

—¿Cuándo entraste al cuerpo de Cristián? ¿A qué se debe que entraras ahí?

—No sé, estaba caminando…

—¿Sabías que hay un lugar mucho mejor a donde ir? ¿Sabías eso? ¿No tienes ganas de ir a un lugar mucho mejor? Un lugar de luz… —Todavía había que liberar a Cristián y llevar a Romualdo a la Luz, ¡y no iba a ser fácil!

—¿Qué luz? ¡Si a mí me gustan las *minas*!

—Bueno, un lugar que está lleno de *minas*… con Luis… —Teresa se equivocó de nombre.

—¿Quién es Luis? —Ya os dije que no dejan pasar una…

—Luisa, Juan…

—¿Ves que eres una *pelotuda*, que te *confundís* todo…? ¡Qué pedazo de *boluda*! ¡Qué bárbaro! Y vos *querés* hablar conmigo… ¿Fuiste a la facultad? ¿Qué hiciste? Yo soy de la facultad de la vida… —Teresa no podía dejar de reírse ante su «metida de pata»—. Vos eres buena *mina*… Contigo hubiéramos hecho las cosas bien… *Parecés* buena *piba*, ¡jajajaja…! ¡Qué pedazo de buena *piba* que eres vos! ¡Jajaja!

—Bueno, escúchame, hay un lugar que está buenísimo…, que es así como el paraíso…

—¡Jajajaja...! ¿Qué *decís, boluda?* Yo no me la como esa... ¿Qué paraíso? No, el barco estaba lleno de esos *boludos*..., que venían con unos sombreritos y hablaban del paraíso... No existe el paraíso...

—¿Y el cabaret para vos no es un paraíso?

—Eso no es un paraíso, es un *piringundín.*

—¿No quieres ir a un lugar así? —Yo no hubiera prometido tanto, pero, si es efectivo, casi todo vale.

—¡Jajaja! Y vos, ¿vas a estar ahí?

—Todavía no...

—No, no, vos no, vos todavía no vayas a ese lugar...

—¿No te tienta la idea de ir?

—No, no, porque voy a volver a estar con esa *mina* —refiriéndose a Luisa—. No, no, no... Yo no quiero volver a vivir esta vida porque Juan se murió, yo no quiero volver acá...

Una vez más, le hablé al oído a Teresa para darle indicaciones de lo que tenía que decir, ya que se estaba poniendo difícil...

—Sarita, no le recomiendes *boludeces*... Y, si me tengo que ir, me voy a ir a donde me digan, pero déjame en paz...

—Vas a ir a un lugar que se llama la Luz; va a venir la Luz a buscarte... Un lugar donde vas a tener mucha paz, mucha tranquilidad, donde nadie te va a molestar, donde vas a encontrarte con la gente que más quieres ver..., donde vas a estar rodeado de amor...

—No, «amor» no me digas, que no sé lo que es... Me hablabas de la luz y me gustaba..., ¡pero ahora me hablaste de amor y la cagaste! No me hables de amor, no me la *cagués*... Vos *pintame* linda la Luz... y después veo, dale. Íbamos bien...

—¿Y no te gustó la idea de la Luz, la tranquilidad?

—¡Pero te digo que sí..., dale! ¡Las mujeres son todas iguales! —Teresa le tocó el brazo—. Y no me *toqués*, no me *toqués*, que no me gusta que me toquen.

—Bueno, escúchame...

—Yo te escucho porque algo me *generás*; si no, no te escucharía un carajo… Dale, dale, *hablá*, que vos *hablás* lindo, dale habla…

Teresa se rio:

—Es que me haces reír mucho.

—Sí, eres buena *mina*. Vos eres buena *mina*…, ¡jaja! ¡Dale, que me quiero ir! Pobre este tipo que está hecho mierda… —refiriéndose al cuerpo de Cristián.

—Y llévalo a la Luz —Gran confusión de Teresa, que no sabía de quién hablaba porque ya estaba mareada. ¡Hay que estar muy atento!

—¿A quién voy a llevar a la Luz? ¿A Cristián? ¿Estás loca? ¡Menos mal que está Sarita! Eres una boluda… *Apurate*, porque Cristián creo que se está cagando de risa también… —Recordad que el paciente lo oye todo, ya que corre solo parte de su conciencia a un lado—. ¡Jajaja! No le queda lugar al pobre… Tengo que salir…

—Bueno, yo voy a llamar a la Luz…

—*Pará, pará* un cachito, la luz… ¿Quién es la luz? ¿Y qué mierda hay atrás de la luz?

—Sube y ya vas a ver.

—¡No, no, no! Que ya me prometió hasta mi viejo… El hijo de puta me prometió que iba a venir a Buenos Aires e iba a ser… ¡y es una cagada…!

—No, es distinto, es distinto, es un lugar en el que yo te aseguro que vas a tener mucha paz…

—¿Y cómo me lo *asegurás*? ¿Por qué te tengo que creer?

—Porque toda la gente que conoce la Luz no quiere volver.

—No me digas así la cosa, *pendeja*. No, no, no. Te escucho porque *sos* buena *mina*, pero no me quieras convencer.

—Hagamos una cosa. Ahora, cuando venga la Luz, vas a subir y lo vas a ver.

—Prendeme la luz.

—Te prendo la luz, vas a la Luz y, si no te gusta, vuelves.

—Nos cortan la luz siempre, son unos hijos de puta. Como no teníamos un mango, nos cortaban la luz siempre... ¡Son unos hijos de puta! Te lo digo, son unos hijos de puta... Siempre en la oscuridad, como no teníamos un mango, siempre en la oscuridad.

—Ahí no vas a tener oscuridad, olvídate.

—¿Y quién va a prender la luz de allá donde me *mandás*?

—No, ahí no te la cortan nunca... ¿Llamamos a la Luz para que venga?

—*Llamá* a quien sea y, si me la trae, me la trae. Y, si no me la trae, no me la trae.

Toqué la campana tibetana para llamar a la Luz, mientras Teresa la invocaba con la fórmula habitual:

—Te pido, Dios Madre-Padre, que vengas a buscar...

—¡No! Madre-Padre no, que me cagaron la vida... *Mandame* la luz con quien sea... ¡Ay, Dios! ¡¿Qué estoy haciendo acá, qué estoy haciendo acá?!

—Pido que un rayo de luz venga a buscar a Romualdo.

—*Callate* la boca, que quiero hablar con Sarita. Si no, nos vamos a encontrar en otro lado. —Entonces, dirigiéndose a mí, que me había levantado y buscaba algo en mi cartera, dijo—: ¡¿Qué *buscás* si no ves un carajo!? Nunca *encontrás* nada en esa cartera, por favor, *prestá* atención a tus cosas y *mirá* bien, porque hay más fondo de cosas que no *entendés*. *Tenés* que seguir buscando, *tenés* que seguir buscando... *seguí* buscando y vas a encontrar..., pero no *sabés* todo... —Y dirigiéndose a Teresa, añadió—: Ahora *seguí*. *Seguí*, pendeja de mierda, *seguí* con la luz esa...

—Pido a la Luz que venga a buscar a su hijo Romualdo...

— ¡No, no digas «Romualdo» así no más! Siempre me dijeron así: Ro-mual-do. Dímelo con un tono más lindo..., dame cariño.

—Pido a la Luz que venga buscar a Romualdo (en un tono suave), donde va a ser querido, donde va a ser cuidado..., que ya se quiere ir... donde va a estar mucho mejor, que es su verdadero hogar..., donde va a tener todo lo que necesita...

—¿Qué necesito? ¡No sé qué necesito! En la vida siempre fui *pá* delante... ¿Qué necesito? *Decime* qué necesito...

—Todo lo que quieras...

—¿Qué mierda quiero?

—Ahí vas a saber lo que quieres... Vas a estar en paz.

—Dame algo como para decir: «¡Eso es!». ¿Qué es eso de la paz? A ver..., *decime* eso.

—¿A dónde te gustaría ir?

—No sé, a un lugar que esté tranquilo, a un desierto... Un lugar donde nadie te rompa las pelotas y haya morfi... Y nada más... Y caminar por la vida.

—Bueno, eso es la Luz.

—¿Y quién va a estar?

—¿Y quién quieres que esté?

—No sé, *decime* vos, a Juancito lo quiero ver.

—Bueno, Juancito va a estar.

—A mi viejo no lo quiero ver; mi vieja, puede ser. Pero a mi viejo no lo quiero ver..., que no se me junte ni se me acerque, si no, vuelvo y te cago a piñas, ¿me escuchaste? ¿Me escuchaste bien? No, igual vos *sos* buena *mina*. No te voy a cagar a piñas... *Sos* buena *mina*, pero tranquila, ¿eh?, tranquila... Bueno, dale, *seguí*.

—Bueno, ¿quieres ir a ese lugar?

—¿Cómo me vas a llevar ahí?

—Vas a ver una luz, busca una luz blanca.

—¿Qué luz blanca?... La conch... ¿Cómo tengo que buscar esa luz? Yo no fui a la primaria, yo me crié en la vida y en el barrio... y me subí al barco y viví como diez años en el barco... Entonces vos *entendí* que yo no tengo ni puta idea de lo que me estás diciendo, ni de la luz ni de nada... Yo viví en la penumbra de la ciudad, nada más, ¿eh?, así que vos *guiame*, pero sé clarita.

—Bue..., ¿te acuerdas del momento en que murió tu cuerpo?

—¿Murió mi cuerpo?

—Sí..., cuando te clavaron el cuchillo...

—Sí, sí..., cierto... ¿Dónde mierda estoy entonces? ¿Estoy en el cuerpo este?

—No te diste cuenta de que tu cuerpo se murió. La Luz te vino a buscar y no la viste, entonces te fuiste a este cuerpo... y por eso no entiendes lo que pasó.

—¡Qué lo parió!

—Pero tu cuerpo ya se murió y tienes que ir a la Luz.

—*Pará, pará*. Vamos a salir de acá porque este *flaco* —refiriéndose a Cristián— no tiene nada que ver... Vos me vas a ayudar, ¿cómo lo tenemos que hacer?

—Tienes que sacar toda tu energía del cuerpo de...

—Vos me *hablás* de energía, ¡y no sé qué es la energía! Para mí es del sol... ¿Cómo saco esa energía? ¿Qué me *decís*?

—Saca toda la parte de ti que sientes que está en un cuerpo que no te corresponde. Sácala. ¿Puedes recordar el momento que tu cuerpo se murió?

—Ya está.

—Fíjate cuando empiezas a salir del cuerpo...

—¡Uy, qué *quilombo*! *Pará, pará*, que no es fácil esto... ¿Vos cómo te *llamás*?

—Teresa.

—*Pará, pará*. ¿De qué estábamos hablando?

—De que tu cuerpo se murió y estás sacando tu alma.

—¿Mi alma? ¡Ay! La concha de la lora... ¿Quién es el alma?

—Tu alma es la que habla... Tu cuerpo es el envase de tu alma.

—¡Jojojo! Uy, ¡qué lo parió! «Mi cuerpo es el envase de mi alma». ¡Qué lo parió! ¿Me lo *escribís* después? ¡Jajaja! Los únicos envases que conozco son los del vino... ¡Vos sí que la tienes clara! El paraíso tendría que ser un garrafón de veinticinco mil litros..., yo me sumerjo ahí... y ahí que ¡puafff!... Ese es flor de envase, ese envase guarda toda las almas, todo completito... ¡Jajaja! Imagino un garrafón enorme y yo flotando en el agua... ¿Ese puede ser el paraíso?

—Síí —¡A estas alturas, hay que intentar cualquier cosa con tal de que el alma perdida se vaya!

—No, no digas *boludeces*, no puede ser el paraíso eso...

—El paraíso es todo lo que necesites y todo lo que quieras. Bueno, ¿puedes ver tu cuerpo?

—Ni hablar de mi cuerpo, yo me veo todo sumergido en vino. ¡Es que eres más *boluda*! ¿Dónde estudiaste vos? ¿Vos eres de Barrio Norte? *Entendé* un poquito que yo no hice la primaria... Me cagué de hambre durante mucho tiempo... ¡Mi cabeza está que explota! Yo aprendí la navaja y el cantimpalo, nada más... *Hablame* bien, *boluda*, che... Eres media *chetonga* vos, ¿eh? De la *high society*... Yo los veo del barco, y se pasan de casa en casa follando uno con el otro, y se creen de alta sociedad... ¡Los conozco a todos! No sé qué, pero voy a escribir un libro algún día... Dile a Sarita que en algún momento le voy a decir que escriba un libro mío... —Me había oído susurrar al oído de Teresa—. Dile a Sarita que esas cosas «de lo divino», algún día, algún día..., algo voy a hacer. Bueno, *pendeja*, dale que este cuerpito —el de Cristián— se está cansando, ¿eh?

—Bueno, déjate llevar y tu alma va a ir a la Luz... Fíjate si ves alguna luz que va hacia arriba..., por ahí hay alguien que te viene a buscar...

—Acá estamos todos los amigos, todos los que morimos... Estamos todos navegando... ¡Qué lindo! Estamos flotando... Estoy disfrutando...

—Cristián, ¿sientes que se fue?

—Sí.

—Ahora elige un color para envolverte.

—Verde.

—Siente cómo la vibración del color está envolviendo todo tu cuerpo [...], desprendiéndote definitivamente de todo eso y repite conmigo: «Está totalmente prohibido volver a entrar en mi campo energético, porque yo soy yo, y en mi cuerpo y en mi vida solo mando yo». [...] Llena con tu propia energía todos los espacios de tu cuerpo antes ocupados por otra energía... [...]. A la cuenta de tres, vas a volver a la conciencia física de tu cuerpo como Cristián. En este día [...], sintiéndote tranquilo, relajado y envuelto en un profundo bienestar. Uno, dos, tres.

Cristián abrió los ojos asombrado por lo vivido..., pero ya muy aliviado. ¡Le tocó una regresión muy difícil a Teresa, para ser la primera vez que trabajaba con almas perdidas! Pero aprendió mucho. El universo siempre nos trae lo que necesitamos, está en nosotros aprovecharlo. Y esta experiencia es un excelente testimonio de cómo las almas perdidas son reales y mantienen su personalidad, la que tenían al morir su cuerpo, ya que esa es la energía que quedó allí atrapada. La transformación se produce con la integración de esa parte de su energía a su Ser Superior, a partir del momento en que llegan a la Luz.

Y si no puede hablar, escribe

Como hemos visto, el alma perdida (entidad adosada al campo energético de una persona) se expresa tal cual era apenas dejado su cuerpo porque continúa apegada a las sensaciones y emociones que tenía al morir (razón por la cual queda como alma perdida en lugar de ascender a la Luz); de este modo, si no podía hablar entonces, no podrá hacerlo cuando le pidamos que se exprese a través del cuerpo del paciente que la trae consigo, como le sucedió al padre de Renata.

En otro de los cursos de formación en Terapia de Regresión a Vidas Pasadas con Orientación Chamánica, una de las alumnas, Renata, me había contado que su padre había abandonado a la familia cuando ella y sus hermanos eran pequeños, y supo luego que se había quitado la vida porque padecía de un cáncer en la garganta y la lengua, lo que la hacía sentir muy trabada. Cuando tuvo la oportunidad de hacer de paciente en una de las prácticas del tema de almas perdidas, el compañero que hacía de terapeuta le preguntó:

—¿Hay alguien en el campo energético de Renata? ¿Cuál es tu nombre?

Para nuestra sorpresa, Renata, en lugar de responder, alargó el brazo y movió la mano… Yo le alcancé un papel y le coloqué un lápiz entre los dedos, tras lo cual empezó a escribir. Renata mantenía los ojos cerrados y ni siquiera dirigía su cabeza hacia la hoja:

«Marcos», escribió.

—Cuéntame, ¿qué estás haciendo en el campo energético de Renata? ¿La conocías?

«Sí».

—¿Renata es tu hija? ¿Tenías cáncer en la garganta y te mataste? «Sí».

—¿Y a qué se debe que estés ahora en su campo energético? «Porque es mi hija».

—Tienes que entender que estás interfiriendo en la vida de Renata, ¿lo puedes entender?

«No», escribió, y giró la cara y se negó a continuar escribiendo.

—Recuerda que es tu momento para expresarte… —Marco, mediante Renata, escribió algo, pero la letra no era muy legible—. ¿Quieres decirle algo a Renata? Puedes mover la cabeza. —La entidad asintió con un movimiento de cabeza—. Sé que no la viste por mucho tiempo...

«No la voy a abandonar».

—Se lo voy a decir a ella..., pero no necesitas estar en su campo energético, porque, más que acompañarla, estás interfiriendo. La vas a acompañar mejor desde la Luz...

«No quiero ir a la Luz, yo estoy con ella».

—Ahora tu camino es ir a la Luz para ayudarla a ella. ¿Quieres que te ayude?

«Ella... Me quedo solamente...».

—Marcos, Renata no quiere que te quedes porque le estás haciendo mal..., ¿puedes entenderlo? ¿Quieres dialogar con ella? Renata, ¿qué le quieres decir a tu papá?

—No puedo hablar con él... —respondió ella.

—¿Será que te cuesta soltarlo, dejarlo ir?

—No sé si es eso lo que quiero hacer...

—Sabes qué es lo mejor para los dos... Él necesita tu perdón. ¿Estás dispuesta a perdonarlo?

—Sí...

—Díselo..., él te está escuchando...

—Está muy negado...

—Podemos intentarlo... Habla con él, explícale lo que sabes... Si se arrepiente de haberse matado, que sepa que os puede pedir perdón a la Luz y a ti.

—No se va a la Luz...

—¿A dónde se va?

—Hay muchas cosas hechas para que no sea feliz...

—¿A qué te refieres?

—Deudas...

—Tiene que darse cuenta de que todo eso es parte de una experiencia que ya pasó.

—Creía que al suicidarse todo terminaba…

—Eso es normal, les sucede a todos los que se suicidan, pero puede liberarse ahora.

—Como que tiene muy presente todo lo sucedido…

—Tal vez se lo puedas explicar tú, o podemos llamar al arcángel Miguel para que venga a explicarle a Marcos que puede salir de la oscuridad y del dolor… «Te pido, arcángel Miguel, que le expliques a Marcos, lo envuelvas con tus redes de luz para que pueda comprender y lo guíes a la fuente de la Luz, donde necesite su alma ir ahora, y retires con tu espada de luz toda su energía del campo energético de Renata…».

—Me siento más aliviada…

—¿Estás lista para la armonización?

—Sí.

—Elige un color.

—Violeta.

Renata abrió los ojos al finalizar la armonización. Estaba muy conmovida, pues no había vuelto a ver a su padre desde que los había abandonado de pequeños. Y nosotros, una vez más, fuimos testigos de cómo un alma perdida realmente se expresa de la manera que puede hacerlo, sin importancia ni interferencia de cómo se exprese el cuerpo donde se aloja, completamente independiente de la cultura, modales y capacidades físicas del paciente que la trae consigo, teniendo como único límite la capacidad del cuerpo de este. La única salvedad que me animo a hacer es en los casos de niños pequeños que no han aprendido a hablar, pero que, por su edad, no han terminado de encarnar y están en contacto directo con el mundo espiritual, con su alma, y es ella la que se expresa más libremente.

12

Desposesión a distancia

Cuando una persona, por alguna razón de fuerza mayor, no puede venir a hacer la regresión por sí misma, es posible hacerle la sanación que necesita «a distancia». Ya vimos en el libro I de esta trilogía, *Sanar con vidas pasadas*, cómo hacemos una regresión a distancia; ahora veremos un trabajo con una persona que tiene adosada un alma perdida (o sea, una «desposesión», como también se la suele llamar), pero «a distancia», igual que vimos con la regresión.

¿Cuáles son los motivos por los cuales realizaríamos un trabajo «a distancia»?, os preguntaréis. En general, en todos aquellos casos en los que no se pueda realizar una regresión personalmente debido a una incapacidad física, psíquica, emocional, de edad, o bien, aunque estuviera en condiciones, si la persona vive demasiado lejos. Puede ser una madre que desee ayudar a su hijo pequeño, un amigo, familiar o terapeuta de una persona con alguna enfermedad psiquiátrica o física (en coma, internado o con una gran discapacidad), etc. También es útil para los casos en que una persona está con mucho miedo de trabajar por sí misma, ya que suele suceder que, luego de recibir esta primera «regresión o desposesión a distancia», libera esa traba inicial. De todos modos, es muy importante recordar que es necesario tener el consentimiento de quien va a recibir esta sanación (en caso de niños o enfermos, lo darían las personas legalmente responsables).

Cuando hacemos una «desposesión a distancia», trabajamos con un «sujeto intermediario», igual que en la «regresión a distancia» (tema explicado y ejemplificado en el Libro I, *Sanar con vidas pasadas*), quien «presta su voz al alma perdida» de la otra persona que no se encuentra presente (y que es el verdadero paciente).

Habitualmente, cuando comenzamos a hacer una regresión, no sabemos con certeza con qué nos vamos a encontrar, cuál es realmente la causa del síntoma del paciente (una experiencia de vida pasada, de esta vida, su nacimiento, un alma perdida, una abducción extraterrestre, etc.); y lo mismo sucede al comenzar a hacer un trabajo a distancia: podemos encontrarnos con que el paciente necesite una regresión, una desposesión o ambas a la vez.

En el campo de concentración

Manuela, que ya había hecho conmigo varios talleres de sanación con vidas pasadas y chamanismo, me vino a ver porque deseaba ayudar a un sobrino que estaba enfermo y no podía venir él mismo, pues no se sentía con fuerza suficiente. Ella ya conocía la metodología de la regresión y la desposesión a distancia, y estaba dispuesta a «prestarle el cuerpo» a su sobrino para que hiciera el trabajo que necesitaba para sanar.

Le pedí que se recostara cómodamente en un colchón, que se cubriera con una manta, cerrara los ojos y se entregara confiadamente a la experiencia, ya que su propia alma decidiría si estaba preparada para ese trabajo a distancia para su sobrino.

—¿Qué quieres trabajar hoy, Manuela?

—Quiero hacer una desposesión a distancia para mi sobrino.

—¿Cómo se llama tu sobrino?

—Pepe.

—Vas a cerrar los ojos, aflojar y relajar todo el cuerpo... Invocamos en este espacio la presencia de Dios Madre-Padre, ángeles, arcángeles, maestros de la sanación, señores del karma, mis guías y maestros espirituales, para que nos asistan, guíen y protejan en este trabajo de sanación de hoy. Manuela, vas a sentir una columna de luz blanca con destellos dorados que envuelve todo este espacio y todo tu cuerpo, aflojando, relajando y protegiendo cada parte de tu cuerpo, cada tejido, cada órgano... Se aflojan pies, piernas, plexo, pecho..., todo tu cuerpo está flojo y relajado... y ahora voy a preguntar a tu alma: ¿es conveniente para ti hacer este trabajo de exploración remota para hacer una desposesión a distancia a Pepe?

—Sí.

—Entonces, vas a llevar parte de tu conciencia a donde se encuentra Pepe en este momento y me vas a avisar cuando llegues. Vas a imaginar delante tuyo una escalera de luz y mientras cuento del diez al uno, vas a ir descendiendo por esta escalera, que puede ser un túnel o un sendero de luz, y vas a ir entrando en estados más y más profundos, trasladando parte de tu conciencia al lugar, en la dirección en la que se encuentra Pepe en este momento... Diez, nueve, ocho, siete, seis, cinco...

—Ya llegué.

—Pídele permiso al alma de Pepe a ver si le está bien que hagas un trabajo de desposesión con él... ¿Qué te dice? ¿Qué sientes?

—No siento nada.

—¿Estás en casa de Pepe? ¿Qué está haciendo?

—Está durmiendo. Estoy viendo un niño cayendo con la cabeza para abajo.

—¿Quién es? ¿Pepe?

—Sí..., puede ser Pepe en otra vida... Está cayendo para abajo y nunca llega al fondo.

—A la cuenta de tres vas a ir al comienzo de la experiencia donde va cayendo... Uno, dos, tres. ¿Qué estás experimentando?

—Está caminando...

—¿Está solo o acompañado?

—Está solo.

—¿Qué edad tiene?

—Diez o doce años.

—¿Qué siente?

—Como que no sabe, no encuentra para dónde ir, está inmovilizado, perdido, no sabe dónde está.

—Avanza más...

—Al fondo hay un lugar oscuro, no hay luz.

—¿Qué hace el niño ahí?

—Ahora no lo veo, veo eso al fondo, es como que el chico desapareció.

—A la cuenta de tres, vas a ir a momentos antes de que desapareciera. Uno, dos, tres. Estás ahí. ¿Qué estás experimentando?

—Bolsas de tierra y cajones como tumbas, y bolsas de arena, como si fuera un esclavo que está construyendo pirámides... Preparan una mezcla para hacer algo. Son esclavos con torso desnudo y mezclan..., como haciendo una tumba para alguien.

—Si supieras, ¿para quién es?

—No sé, puede ser para Pepe, porque a él no lo veo.

—A la cuenta de tres, vas a ir a momentos antes de la muerte de ese niño en esa vida... Uno, dos, tres...

—Un tren con mucha velocidad, en la oscuridad... como que en el tren llevan un cajón de muertos.

—¿Es la misma vida de Pepe y la pirámide?

—No, esta es más adelante (en el tiempo histórico). En el tren parece que trajeran presos, no... ¡ya sé lo que es! Es un tren que lleva judíos y van a un campo de concentración, van a Auschwitz II, es «el tren de la muerte». Hay alguien querido. Puede ser que vaya Pepe.

—Acércate con tu conciencia… ¿Lo encuentras en el tren?

—No, pero sé que está ahí. Ya llegaron, está dentro, en la barraca.

—Le vas a decir a Pepe que le prestarás tus cuerdas vocales, así lo vas a ayudar a expresarse, le vas a permitir utilizar tu cuerpo. De esta manera, le podré hacer una regresión a él, a través tuyo. —Para que Pepe pudiera hacer su regresión y no fuera solo una descripción de lo que le sucedió en otras vidas.

—Se me aparecen «energías negras», como «sombras de alguien» y veo que están arriba de él o «pegadas». Trato de meter mi conciencia en su cuerpo —para que el alma de Pepe pudiera utilizar su cuerpo y voz para hacer su regresión—, y veo que «tiene alguien adentro».

—¿Aceptas que esas «energías» hablen conmigo a través tuyo? —Aquí empezaba la técnica de desposesión a distancia.

—Parece que no quieren, porque se me puso como una pantalla negra.

—Tal vez no sea adecuado hacerle la regresión a Pepe. Pregúntale si es adecuado. —Recordad que no habíamos llegado a preguntarle.

—No puede respirar.

—¿Lo ahogan las energías?

—Sí, tiene algo en el páncreas, como una energía que lo va triturando… Está muy cansado.

—Pregúntale si quiere que lo ayudes.

—Tiene miedo.

—¿Quién?

—Alguien que está dentro de él, dice. Tiene miedo.

—Le voy a pedir a ese «alguien» que hable a través de las cuerdas vocales de Manuela para saber a qué se debe que tenga miedo y poder ayudarlo… Cuando cuente tres, me vas a decir tu nombre… Uno…

—Es alguien que murió en la cámara de gas…, se quedó ahí.
—Quedó como alma perdida—. Pepe estaba ahí —compartiendo esa misma vida—, y se metió adentro de él. —El alma perdida se adhirió al campo energético de Pepe en esa vida.

—¿Estaban los dos ahí en la misma vida?

—Sí.

—Entonces, a la cuenta de tres, Pepe, vas a ir a la vida que tienes en común con esa alma… Uno, dos, tres.

—¡Alemanes de mierda, nos mataban de hambre, yo era chiquito! —intervino Pepe.

—¿Quién eres?

—Un niño.

—¿Cómo te llamas?

—No me acuerdo. Estamos juntos los dos. —Pepe y el alma perdida que tiene adosada en su vida actual—. Nos agarrábamos la mano, teníamos miedo. No puedo respirar, se me presiona el pecho, no puedo respirar.

—¿A qué se debe que no puedes respirar?

—El gas… Me voy desmayando, cayendo… y nos agarramos los dos y nos quedamos ahí. Estamos ahí… mucha gente, están todos muertos.

—Siente cómo te mueres, cómo entra el gas al cuerpo…

—Me pica la garganta, no puedo respirar, me duele el pecho… ¡Qué hijos de mil putas! ¿Por qué me mataron ahí adentro? Están todos muertos. Después abren y entran los alemanes vestidos de oficiales y empiezan a… Estamos todos desnudos… Hay mucha gente, muchos chicos… y mamás… y nos empiezan a sacar y nos tiran a un pozo…

—De toda esta experiencia, ¿cuál es el momento más terrible?

—Cuando no puedo respirar.

—Cuando no puedes respirar, ¿cuáles son tus reacciones físicas?

—Me quedo duro parado ahí.

—Y cuando te quedas duro…, ¿cuáles son tus reacciones emocionales?

—¡Tengo rabia, impotencia, tengo rabia, mucha rabia!

—Cuando sientes bronca e impotencia, ¿cuáles son tus reacciones mentales?

—Hacen eso porque son grandes. Si fuera más grande, no me podrían hacer nada.

—Ahora quiero que veas de qué manera afecta todo esto en tu vida como Pepe, esto de: «No puedo respirar, me quedo duro, tengo bronca, si fuera más grande no me podrían hacer nada». ¿Qué te hace hacer en tu vida como Pepe?

—Intento hacer cosas pero todos se aprovechan de mí, todos se me montan y me sacan lo que tengo.

—¿Y qué te impide hacer?

—No puedo avanzar, estoy cansado.

—Para desprenderte de todo eso, a la cuenta de tres vas a volver a momentos antes de tu muerte en esa vida, cuando no puedes respirar, y vas a expresar y hacer todo lo que no pudiste en ese momento… Uno, dos, tres.

—No tengo fuerza, estoy paralizado y dormido, me siento atado de pies y manos. Estoy con gente, como que «se me pegó»; toda esa gente que no entiende por qué nos hicieron eso. Como que hay mucha gente dentro de mí. ¡¿Por qué nos hicieron esto?! Mataron a mi familia, abuela, hermano, a todos… —Siguió en voz muy bajita—: Éramos todos huesos tirados, no nos enterraban…

—Ahora vas a ir, a la cuenta de tres, al comienzo de esta experiencia y vas a revivir eso más profundamente y dejar salir lo que no pudiste decir. Uno…

—No puedo, estoy cansado… No puedo, estoy atado.

—¿Dónde estás cuando estás atado? Vas a ir al comienzo de esta experiencia… Uno, dos, tres. Estás ahí. ¿Qué estás experimentando?

Entonces regresó a la vida en la que comenzó la regresión, ya que ambas estaban conectadas a través del mismo síntoma: sentirse trabado.

—Me parece que estoy en una tumba y hay parados soldados, parecen egipcios. Estoy en un costado en una cámara y están ahí todos los soldados, parados como que me están velando o cuidando. Estoy atrapado en la tumba.

—¿Es en la vida en Egipto o en el campo de concentración?

—No, en Egipto. Es la tumba que estaban construyendo y me dejaron ahí. Estoy embalsamado, tengo algo arriba.

—¿Estás vivo o muerto?

—Muerto, pero estoy ahí atrapado, no puedo salir. —Su alma estaba atrapada en su cuerpo por haber sido embalsamado.

—Ahora te voy a ayudar a sacar de tu cuerpo todas las cosas que te pusieron para embalsamarte. —Con técnicas de sanación chamánica sobre su cuerpo energético, retiré mortaja, vendas y ataduras, y él escupió lo que le habían puesto dentro para embalsamarlo—. ¿Sientes que te falta hacer algo más antes de ir a la Luz?

—No, ya está, ya me puedo ir. Veo una luz que me viene a buscar y la sigo...

—Avísame cuando hayas llegado.

—Ya está.

Ahora tenía que finalizar la vida en el campo de concentración y liberarse de todas las almas que se «le pegaron» en aquel momento:

—Ahora vas a ir a la experiencia de la cámara de gas, a momentos antes de «no poder respirar» y vas a vivir intensamente esa experiencia... Uno, dos...

—Siento mucha angustia y sé que algo feo nos va a pasar, estoy en la barraca con mi mamá y mi hermano. Nos dicen que nos tenemos que bañar y llevan a mujeres y chicos y nos van metiendo en una habitación. Nos dicen que nos saquemos la ropa y estamos hacinados como ganado, el lugar es chico, siento olor y empieza a salir gas en lugar de agua por arriba y se empiezan a ir cayendo todos... Se cae mi mamá, se caen todos. Quiero aguantar, pero me pica la garganta y no puedo respirar y caigo sobre mi mamá... y ahí me parece que me muero. Estamos todos muertos.

—¿Qué pasa contigo cuando muere tu cuerpo?

—Como que no entiendo nada, no sé, no entiendo. Abren la puerta los soldados y están todos tirados ahí y dicen que «ya está»... Entonces yo quiero agarrar al oficial hijo de puta y le pego, pero no le hago nada.

—¿Qué sientes cuando quieres pegarle y no pasa nada?

—Me enfado todavía más y le pego de nuevo, pero nadie me hace caso.

—Te pongo ahora un almohadón delante y vas a hacer todo lo que no pudiste hacer en ese momento... —Empezó a pegarle al almohadón y a gritar, y a pegar y llorar—. Diles todo lo que no pudiste decirles. —Siguió llorando y dijo que quería ir con su mamá, que tenía miedo y nadie lo veía—. Ahora vas a pedirles que te devuelvan toda la energía que os sacaron, a ti, a tu hermano y a tu mamá... —Subió los brazos para recibirla—. ¿Sientes que te la devuelven?

—Sí.

—¿Dónde están tu mamá y tu hermano?

—Están en el pozo.

—Retira toda tu energía de tu cuerpo, sé consciente de que ese cuerpo se murió, que esa experiencia ya pasó, te vas a despegar de todo lo que se te quedó pegado... —Le saqué el gas del cuerpo y lo escupió—. Escupe, tose, elimina todo, sácalo de tus pulmones antes de ascender a la Luz.

—Subo a la Luz y agarro a mi mamá y a mi hermano de la mano.

—¿Ves la Luz?

—No, ahora se puso todo negro. Me tengo que ir solo, me parece, ahí la veo como un remolino.

—Sube a la Luz, saca toda tu energía de ese cuerpo y de esa vida... Avísame cuando hayas llegado.

—Ellos se quedaron ahí abajo. Ahí está, ahora sí, me voy para arriba...

—Fíjate si, al ir subiendo, alrededor tuyo hay otras almas.

—Yo estoy arriba, como que no quieren venir, están resentidos, quieren vengarse. Mi hermano, como que viene pegado de esa vida y ahora también... está resentido, se quiere vengar, está adentro, acá, ahora. —El hermano era el alma perdida que habíamos detectado al comienzo de la regresión en el campo energético de Pepe.

—Préstale tus cuerdas vocales a tu hermano... —En realidad las de Manuela, pero Pepe sentía que era su cuerpo, ya que era él quien estaba haciendo la regresión—. Así se podrá comunicar conmigo. Uno, dos, tres. ¿Cómo te llamas?

—Me quiero ir de Pepe porque ya le hice mucho daño estando con él. No tiene la culpa, la tienen los nazis.

—Bien, te voy a ayudar también a desprenderte de esa vida para que puedas ir a la Luz... A la cuenta de tres, vas a ir a momentos antes de tu muerte en esa vida... Uno...

—Soy más chiquito que él, me voy desmayando, mi mamá me agarra, me abraza y se cae ella también abrazada a mí... No entendía nada y no la encontraba y me fui con mi hermano y sigo con él hasta ahora.

—Tu alma, por más que seas chiquito, es sabia y puede buscar la Luz, ¿la ves?

—Veo la sombra de los nazis.

—Vas a liberar la rabia.

—Era chiquito, no tenía rabia, quiero abrazar a mi mamá.

—Siente cómo tu mamá está contigo, abrázala. —Le alcancé un almohadón y lo abrazó, usando el cuerpo de Manuela, obviamente—. Vamos a llamar a la Luz para que os venga a buscar a ambos… Te pido, Dios Madre-Padre, que vengas a buscar a tus hijos que estaban perdidos y quieren regresar al hogar donde van todas las almas cuando desencarnan…

—Ahí me viene a buscar. Pepe ya se fue, me busca. Hay chiquitos graciosos jugando en el Cielo.

—¿Cómo te sientes ahí?

—Tranquilo, voy a jugar.

—Bien, Pepe, elige un color para envolverte. ¿Qué color eliges?

—Verde.

—Siente cómo la vibración del color verde envuelve todo tu cuerpo, por dentro y por fuera, sanando, limpiando, purificando todo tu ser […], desprendiéndote definitivamente de todo eso […]. Y, a la cuenta de tres, volverás a tu conciencia física habitual en el día de hoy —aquí hay que decir la fecha— en tu cuerpo como Pepe.

—Después de terminar con Pepe, me dirigí a Manuela—: Entonces ahora, Manuela, vas a retirar tu conciencia de Pepe y vas a volver donde está tu cuerpo físico, acá en el consultorio. Uno, dos… Llegando acá… Tres, cuatro… ¿Llegaste?

—Sí.

—Vas a elegir un color para armonizarte. ¿Qué color eliges?

—Azul.

—Siente cómo la vibración del color azul envuelve todo tu cuerpo, por dentro y por fuera, sanando, limpiando, purificando todo tu ser. La vibración del color azul va iluminando cada tejido, cada órgano, cada célula, cada molécula, cada partícula de tu ser, desde los pies, piernas, caderas, plexo, pecho, hombros, brazos, manos, dedos de las manos, derramándose por toda la espalda, ascendiendo por el cuello e iluminando toda tu cabeza, cada músculo de la cara… Desprendiéndote de todo eso que no te pertenece ni nunca te perteneció… A la cuenta de tres, a tu tiempo, abrirás los ojos y volverás a tu conciencia física habitual, en tu cuerpo como Manuela el día de hoy, sintiéndote tranquila, relajada y envuelta en un profundo bienestar… Uno, dos, tres.

Prestad atención, queridos lectores, al comentario de Manuela, ya que muestra la diferencia entre hacer una regresión donde las experiencias son propias y «prestar el cuerpo» para que otro la haga a través nuestro:

—¡Es impresionante cómo realmente, a pesar de tener las imágenes y sentirlo todo en el cuerpo, me resultaba clarísimo que esa vivencia no era mía, no me afectaba!

He profundizado mi investigación en esta modalidad de «regresión y desposesión a distancia» gracias a las prácticas realizadas en los cursos de formación y puedo asegurar que es una herramienta maravillosa que amplía el alcance sanador de la Terapia de Regresión a Vidas Pasadas con Orientación Chamánica, haciéndola extensiva a personas imposibilitadas en ese momento de someterse a una regresión en forma directa. Por otro lado, observad qué interesante es haber sido testigos de las relaciones kármicas que se van dando en la vida del alma: en una, él tenía esclavos construyéndole una tumba fastuosa, y su cuerpo, al morir, recibió los honores de un faraón, que al final de cuentas lo llevó a la prisión de su alma. En la otra, era un niño en un campo de exterminio, con una muerte anónima, ¡donde su cuerpo no fue ni siquiera enterrado! ¿Una vida consecuencia de la otra? Tal vez. Ambas eran las responsables de su síntoma actual: «sentirse trabado».

Mi padre me pedía que me quedara

Escuchemos ahora otra historia que, además de ejemplificar esta técnica sanadora, nos enseña no solo sobre «el alma y sus vicisitudes», sino también sobre el padecer humano. ¡Y con ella, que es «un canto a la vida a pesar del dolor», me despido de vosotros, mis queridos lectores, hasta que el Universo nos vuelva a juntar!

Silvina, una madre preocupada por «las angustias de su hija», vino a consultarme. Ella ya había trabajado conmigo su dolor ante la muerte de un hijo pequeño hacía ya varios años, y en esta ocasión me preguntó si podía hacer algo por su hija Sofía, de veinte años, en ese momento; de qué manera podría ayudarla. Ella misma se lo había pedido, sabiendo que «hacía esas cosas».

—Lo que le pasa a mi hija Sofía es que tiene muchos miedos. Le sobresaltan situaciones que al resto de la gente no le afectan. Tiene como muchas personalidades, es como si fuera dos personas... Por momentos es muy responsable y por otros momentos es como si fuera completamente otra persona. Quisiera ayudarla, ella por ahora no quiere venir personalmente a hacer regresiones, querría ver si puedo hacerla por ella...

—Vamos a ver si podemos hacer una regresión a distancia... Recuéstate en el diván, cierra los ojos, haz unas respiraciones profundas... Permite que tu cuerpo se afloje y relaje, y se vaya entregando confiadamente a esta experiencia de sanación a tu hija Sofía... Siente que tu cuerpo se va envolviendo en una luz sanadora y protectora que viene del universo, de la fuente divina de Dios Madre-Padre... —Continué con la relajación habitual—. (...) Cuatro, tres, dos, uno... Pregúntale a tu alma si es seguro para ti hacer la sanación a distancia por Sofía ahora...

—Dice que sí.

—Entonces voy a contar hasta diez y vas a ir lentamente llevando parte de tu conciencia donde se encuentra Sofía ahora. Uno (...) diez... ¿Pudiste llevar tu conciencia donde ella está?

—Sí, la veo sentada en su cuarto...

—Pídele permiso a su alma para hacer esta sanación.

—Dice que sí, que quiere liberarse «de esto».

—¿Liberarse de qué?

—Siente mucha tristeza y enojo.

—¿Puede Sofía expresarse a través tuyo?

—Sí...

—Entonces, a la cuenta de tres, Sofía se va a expresar a través de tus cuerdas vocales. Uno, dos, tres. Sofía, ¿dónde está tu dolor?

Sofía a través de su madre:

—Es que no quiero herir a mis padres, hay muchas cosas de ellos que no comparto, pero me callo para no herirlos...

—Eso de callarte, ¿qué te hace hacer?

—Anginas..., guardar mucha rabia...

—A la cuenta de tres, vas a ir a la experiencia responsable de esa rabia y la vas a expresar. Uno, dos, tres. ¿Qué estás experimentando?

—Cuando nace mi hermanita.

—¿Qué edad tienes?

—Cinco años.

—¿Qué estás experimentando?

—Mucho miedo porque... me van a dejar de querer... Mi papá está de viaje... Mi mamá también tiene miedo de que le pase algo a él... Le tengo mucho miedo a una foto que hay colgada en la pared y no puedo decirle a mamá que la saque.

—¿De quién es la foto?

—De mi hermanito que está muerto... Yo no lo conozco y mi mamá sufre mucho... y tengo miedo de que pasen cosas que me asustan... Y yo quería que me quisieran a mí, que se fijaran en mí, que me quisieran a mí... Estoy muy enojada... Siento que la garganta me va a reventar de la rabia que tengo...

—Ahora vas a liberar todo ese enojo y decir todo lo que no pudiste decir en ese momento.

—¡No quería una hermanita ahora! —Tosió—. Quería que me quisieran a mí, me siento sola, ¡tengo miedo de que no me quieran a mí! ¡Encima tengo que tener un hermano que es un fantasma! Ese cuadro en la pared me da mucho miedo; miedo de que se salga de ahí de todo lo que lo nombran, y tampoco quería estar enojada con mi hermanita y me da mucho dolor y siempre me enfermo de la garganta porque no puedo hablar... Me parecen estúpidos... ¡Sois unos estúpidos! ¡Te crees que eres un buen padre y no lo eres!... ¡Sois tan estúpidos!... Y no se lo puedo decir porque tengo mucha furia... —Golpeó el almohadón liberando la furia—. Dejad de sufrir, de hablar siempre de vuestro dolor, nunca habláis de mí, yo no tengo la culpa de tu dolor... Somos tus hijas... y no estás con nosotras, basta de hablar de tu hijo... Me voy a volver loca de tanto miedo que tengo, y somos chiquitas y no nos cuidan bien y nadie nos ayuda. Solo piensan en su dolor... Mi papá hace sufrir a todos..., ¡me da mucha furia!

—Fíjate si perdiste algún fragmento de tu alma en esta experiencia.

—Cuando nací... —lloraba—, cuando nací el alma de mi hermano se metió conmigo porque mis papás nunca la dejaron ir. —Siguió llorando.

Me di cuenta de que era necesario hacer al mismo tiempo una desposesión a distancia, para ayudar al alma del hermanito a partir, quien se expresaría a través del cuerpo de su madre, que se lo estaba «prestando» a Sofía para que hiciera su regresión.

—Entonces, a la cuenta de tres, vas a correr tu conciencia a un lado para que se pueda expresar el alma de tu hermano y hablar conmigo... Uno, dos, tres. ¿Cómo te llamas? ¿Cuál es tu nombre?

—Pedro.

—¿Qué le pasó a tu cuerpo?

—Morí en un accidente...

—¿Qué pasó con tu alma cuando murió tu cuerpo?

—Se quedó dando vueltas.

—¿Y cuando nació tu hermana entraste en ella?

—Porque mi mamá sufría y mi papá se iba a matar... Para evitar que se matase... Me parece que percibía que yo estaba con él... y él pensaba que se iba a volver loco, entonces yo me alejaba y volvía, me alejaba y volvía...

—¿Qué pasaba cuando volvías?

—Se desesperaba... Se desesperó cuando vio la ecografía —de la hermana— y vio que no era un varón. Estaba volviéndose loco, él quería que yo naciera de nuevo... Me obligaba a nacer de nuevo... Si yo no me pude ir —a la Luz—, ¡¿cómo iba a nacer de nuevo?!

—¿Cómo es esto que te obligaba a «nacer de nuevo»?

—Él me hablaba y me hablaba... Quería que no lo dejase, que lo cuidase... Que, como iba a tener otro bebé, no se podía ir, que lo acompañara...

—Entonces, ¿qué hiciste?

—Me metí con mi hermana porque estar con él era un infierno. Mi hermana era un tesoro, pero le arruiné la vida, pobrecita. Ahora ella sabe que no está sola, ya lo sabe... Se enojó mucho con mi mamá cuando la obligó a ir al psicólogo... Ella ya sabía que «algo raro» pasaba y no entiende... Mi hermana no entiende, tiene muchos miedos, por eso odia a todos los hombres...

—Muy bien, ahora que eres consciente de esto, puedes ir a la Luz donde van todas las almas cuando dejan el cuerpo y liberar a tu hermana. ¿Puedes hacerlo?

—Sí.

—Te pido, Dios Madre-Padre, que envíes tu luz para que venga a buscar a tu hijo que estaba perdido y ahora está listo para regresar al hogar... Pedro, saca toda tu energía del campo energético de tu hermana y llévala toda a la Luz. Avísame cuando hayas llegado... —esperé un ratito—. ¿Llegaste?

—Sí...

—Sofía, ¿cómo te sientes ahora que Pedro se fue a la Luz?

—Es raro, pero me siento bien..., como vacía...

—Ahora siente cómo la luz de tu propia alma se va expandiendo por todo tu cuerpo, llenando cada espacio de tu Ser...

—¡Siento como que ahora tengo un cuerpo! Liberada la garganta, tranquila...

—Muy bien, eso es..., siente tu cuerpo... Y ahora vas a regresar a tu conciencia física habitual. Uno, dos, tres. Sintiéndote tranquila y envuelta en un profundo bienestar, y tu mamá va a retirar su conciencia de tu cuerpo... Ahora, Silvina, retira tu conciencia del cuerpo de tu hija. Uno, dos, tres. Y trae tu conciencia a tu cuerpo físico, cuatro (...). ¿Llegaste?

—Sí.

—Ahora elige un color para envolverte y armonizar toda tu energía. Siente esa vibración que va iluminando cada célula de tu cuerpo (...), y vuelve a tu conciencia física habitual del día de hoy en tu cuerpo como Silvina, sintiéndote tranquila, relajada y envuelta en un profundo bienestar...

Conocer de primera mano lo que vive un niño que ha muerto y cómo puede afectarle a él y a sus hermanos la actitud de los padres ante este hecho tan terrible es muy sanador. No juzgamos a nadie, comprendemos que cada uno hace lo mejor que puede para sobrevivir a algo tan duro, pero por suerte existe la manera de solucionar algunos de los errores que cometemos los padres mientras hacemos nuestro duelo... Al cabo de unos días, Silvina me contó que su hija mejoró mucho y estaba ya más tranquila.

13

Una electrofotografía las descubre

Después de haber escuchado el relato de estas almas en su camino hacia la Luz, quiero contaros que también las podemos «ver» sin necesidad de tener la capacidad psíquica de hacerlo, a través de una cámara fotográfica especial (aunque la imagen no sea muy reconocible, ya que lo que captamos con esta metodología es solo su energía cuando está interfiriendo en el campo energético de otra persona, que es quien en realidad se saca la foto, y allí aparece el «huésped»). Ponemos el dedo en una camarita especial que capta nuestro campo energético y, ¡clic!, revelamos el rollo y allí aparece nuestro «amigo». (Lo sé, ¡esto de «revelar el rollo» es muy antiguo ahora, pero así era como se hacía hace años!). Aprendí a hacerlo en un curso de bioelectrografía (BEG), dictado por Raúl Torres, a través de un método desarrollado por él mismo.

Una BEG es la imprimación en la emulsión de una película fotográfica virgen que se obtiene sin intervención de lentes, ni luz exterior, por contacto directo con el objeto. Dicha película se halla colocada sobre una placa conductora aislada, a través de la cual se hace pasar una corriente eléctrica transformada en frecuencia oscilatoria alta que excita los electrones de los átomos del campo electromagnético del elemento expuesto, provocando la emisión de fotones. Estos fotones son los que impresionan la emulsión de la película fotográfica, obteniendo así una electrofotografía de un momento del campo electromagnético o energético del sujeto u objeto expuesto. Todos los organismos vivos poseen campos eléctricos, electromagnéticos o energéticos que pueden ser registrados por la BEG, así como si presentan alguna alteración, ya sea un desequilibrio que puede derivar en enfermedad física, como una alteración psíquica, el estado emocional o lo que nos compete a nosotros en este tema: si poseen un campo interferente, como podría ser un alma perdida.

¿Qué quiero decir con esta breve explicación, que puede resultar compleja para los neófitos en el tema, o insuficiente para los expertos? Lo mismo que dije antes, que podemos fotografiar un alma perdida u otra entidad adosada a un campo energético de una persona, tan solo poniendo el dedo dentro de una cajita oscura y revelando luego el rollo. Quien esté especializado en el tema puede diagnosticar muchísimas cosas más a través de dichas imágenes de lo que yo describiré acá.

A continuación os mostraré mi propia aura (energía emanada del cuerpo), obtenida con la foto de mis dedos al poco tiempo de morir mi hijo (imágenes que fueron tomadas con esta simple pero eficaz metodología). Observad esta foto de mi energía, con un claro campo interferente alojado:

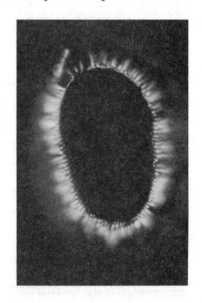

En esta primera imagen, se puede notar la energía del alma de mi hijo, que estaba en el lado izquierdo de mi aura, y mi campo energético bastante debilitado a causa del *shock* emocional por su muerte. Ved cómo, donde se encuentra su energía, mi campo está con menos protección, por ello es que pudo entrar y mantenerse allí. Obviamente, mi deseo de no perderlo y su propia dificultad para despedirse de nosotros y partir a la Luz en un comienzo actuaron como «campos de atracción» para que él entrara.

Pero recordad que no es toda el alma de una persona la que queda atrapada en esta dimensión, sino solo un «fragmento» que, al igual que un holograma, posee la información del todo. Y no es toda su energía tampoco la que entra al campo energético de otra persona, es solo una parte.

Luego de trabajar mi proceso de duelo, ayudada con las regresiones y sanación chamánica, su alma pudo comenzar a desprenderse para realizar su ascenso a la Luz. Al mismo tiempo, mi campo energético se fue recuperando, haciéndose más continuo (o sea, más fuerte y con menos «agujeros», propios de un campo energético debilitado por experiencias traumáticas no sanadas, enfermedades prolongadas, emociones de tristeza, etc., como pudimos comprobar a lo largo de este libro).

A continuación veremos este proceso graficado en dos fotos más que me tomé con posterioridad, a lo largo de un año de intenso trabajo personal de sanación:

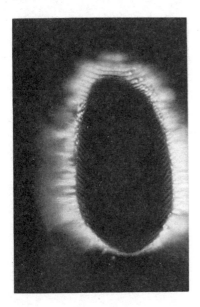 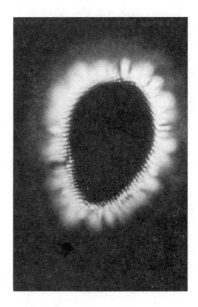

Observad cómo en esta tercera foto ya no se ven rastros de su energía interfiriendo en mi campo electromagnético, el cual se ve más completo, vital y luminoso (esto puede demostrar que él fue capaz de quitar toda su energía de mi campo energético). Al haber tenido varios encuentros conscientes con su alma a través de las regresiones, sé que salió de mi campo energético para ir a la Luz.

Hay que tener claro que, a pesar de que nos cueste soltarlos, es allí a donde deben ir. Recordemos que la unión a través del amor permanece y que seguramente nos volveremos a encontrar. Es necesario comprender que el alma de quien murió debe llevarse consigo toda su energía al ascender al plano espiritual. Cuando no nos desprendemos del plano físico al morir el cuerpo, es como si quedaran «pedacitos del alma por todos lados». Cuando el alma está lista para partir definitivamente a la Luz (o cuando la ayudamos si no puede hacerlo sola), ella debe recuperarlos y llevarlos consigo. Su energía puede haber quedado repartida en los lugares donde frecuentaba, en las cosas y personas que amaba, en el campo energético de alguien, etc.

Consideraciones finales

Todos tenemos dolores, alegrías, miedos, certezas, nacimientos y pérdidas... ¡Todos vivimos! Mientras estemos girando en la rueda de las reencarnaciones, no hay otra opción. Vivimos enteros, vivimos partidos en pedazos, amargados, desganados o plenos y felices. Esa es nuestra decisión. Podemos atravesar la experiencia de vivir como una carga o un regalo, matando el tiempo con banalidades o aprovechando cada segundo en descubrir nuestro verdadero Ser.

Podemos sentirnos víctimas del destino o artistas de nuestra vida, entendiendo que vinimos a aprender. La vida nos presenta dificultades, y también la clave para su solución; solo hay que descubrirla. Tenemos ayuda, algunas herramientas son las que ya describí en estas páginas, pero hay muchas más. Cada vez tenemos acceso a mayor cantidad de buenos métodos para alcanzar la integridad, la verdadera sanación: el redescubrimiento de la conexión espiritual.

No estamos solos en este camino. Los espíritus nos acompañan y guían en este proceso, los chamanes lo saben bien. Pero todos, chamanes o no, estamos acompañados por ellos. Podemos llamarlos *ángeles, guías, animales de poder, maestros*... o nuestro propio *Ser Superior*.

Somos seres biopsicoespirituales. Si el cuerpo está enfermo, acudimos al médico; si tenemos una enfermedad mental, al psiquiatra; si es emocional, al psicólogo; si se enferma el alma, al sanador espiritual. Pero hay síntomas, dolencias y enfermedades cuyas causas son múltiples. Somos seres complejos. Tal vez sanando el alma descubrimos que se cura el cuerpo, o curando el cuerpo nos sentimos más vitales y felices; un trauma emocional puede causar trastornos físicos o fragmentar el alma. Si el alma o energía vital se fragmenta, se puede debilitar el cuerpo o hacernos sentir vacíos y tristes. ¡Y todas las combinaciones que se puedan imaginar! Todo está unido. Somos un Todo… Pero no todos necesitamos las mismas medicinas ni en los mismos momentos.

Queridos lectores, hecha esta aclaración, si estáis dispuestos a sanar y no queréis seguir dando vueltas en terapias que ya os demostraron su límite, es tiempo de hacer crecer «la copa del árbol», de tomar una medicina más espiritual, para algún día «volar como el águila antes de fundirse en la Luz Pura»…

Lo más importante de esta trilogía, *La mirada del águila* (que, ignorando toda previsión humana, fue finalizada un 15 de septiembre, día en que se conmemora la partida de mi hijo de este plano), es haberos mostrado que **la sanación y la felicidad son posibles más allá del dolor** que estéis viviendo ahora. Con eso está cumplida la finalidad inmediata…

Pero, si además pudiste abrirte a la posibilidad de que **la muerte no existe, somos seres espirituales y la reencarnación es posible**, entonces ¡mi misión está cumplida en su totalidad!

Todos los mundos son uno solo, todo está hecho de lo mismo: los dioses, los espíritus, las estrellas, las plantas, las piedras y las gentes. Todo cambia y se mueve pero no se muere; nuestro espíritu es como un árbol: nace, crece, florece y da semillas. Nunca terminamos de vivir porque solo cambia la cáscara de la semilla.

POEMA DEL PUEBLO MAPUCHE
(LLEGÓ A MIS MANOS POR UNA AMIGA DEL ALMA:
¡GRACIAS, MARÍA BLANCA!)

Bibliografía

«Tú y yo somos diferentes, solo porque hemos caminado por jardines
diferentes, hemos leído libros diferentes...».

DEEPAK CHOPRA

ALTEA, R. (1996). *El águila y la rosa.* Barcelona: Ediciones B.

BETTHELHEIM, B. (1983). *Freud And Man's Soul.* Londres: Penguin Group.

BOISSIERE, R. (1986) *Meditations With The Hopi.* Rochester: Bear and Company.

BOWMAN, C. (1997). *Children's Past Lives. How Past Lives Memories Affect Your Child.* Nueva York: Bantam Books.

CABOBIANCO, F. M. (2000). *Vengo del sol.* Buenos Aires: Longseller.

CABOULI J. L. (2000). *La vida antes de nacer.* Buenos Aires: Ediciones Continente.

— (1996). *Muerte y espacio entre vidas.* Buenos Aires: Ediciones Continente.

— (2006). *Terapia de la posesión espiritual. Técnica y práctica clínica.* Barcelona: Ediciones Índigo.

— (2001). *Terapia de vidas pasadas, un camino hacia la luz del alma.* Buenos Aires: Ediciones Continente.

CEREZZO FREX, A. (2011). *La Reencarnación en el mensaje de Cristo. Hacia una nueva y antigua comprensión del cristianismo.* Libros en red.

CHATELAIN, M. (1977). *Nuestros ascendientes llegados del Cosmos.* Barcelona: Plaza y Janés.

CHOPRA, D. (1993). *Ageless Body. Timeless Mind. A Practical Alternative To Growing Old.* Londres: Random House.

— (1991). *Unconditional Life. Mastering the Forces That Shape Personal Reality.* Nueva York: Bantam Books.

DELGADO, J. L. y MALE, M. A. (Ph. D.) (2006). *Andean Awakening. An Inca Guide to Mystical Perú.* Jorge San Francisco: Council Oak Books.

ECO, U. (2013). *Construir al enemigo.* Barcelona: Lumen.

FIORE, E. (1988). *La posesión.* Madrid: Edaf.

GAWAIN, G. (1986). *Visualización creativa.* Buenos Aires: Aletheia.

GRECCO, E. H. (2004). *Despertando el don bipolar. Un camino hacia la cura de la inestabilidad emocional.* Buenos Aires: Ediciones Continente.

— (2003). *La bipolaridad como don. Cómo transformar la inestabilidad emocional en una bendición.* Buenos Aires: Ediciones Continente.

HICKMAN, I. (2007). *Desposesión a distancia.* Barcelona: Índigo.

HUXLEY, A. (1999). *La filosofía perenne.* Buenos Aires: Editorial Sudamericana.

INGERMAN, S. (1995). *Recuperación del alma. Sanando el alma fragmentada.* Buenos Aires: Círculo Chamánico.

KARDEC, A. (2006). *El Libro de los Espíritus.* Buenos Aires: Kier.

KENNEDY, A. (DHARMACHARI SUBHUTI) (1992). *La rueda, la espiral y el mandala. Teoría y Práctica del Budismo.* Barcelona: Edicomunicación.

KRYSTAL, P. (2002). *Cortando los lazos del karma.* Buenos Aires: Deva's.

KÜBLER-ROSS, E. y KESSLER, D. (2002). *Lecciones de vida*. Barcelona. Ediciones B.

KÜBLER-ROSS, E. (1995). *Conferencias. Morir es de vital importancia*. Barcelona: Luciérnaga.

— (2003). *La rueda de la vida*. Barcelona: Ediciones B.

— (1989). *La muerte: un amanecer*. Barcelona: Luciérnaga.

— (1975). *Sobre la muerte y los moribundos*. Barcelona: Grijalbo Mondadori.

MAETERLINCK, M. (1940). *Los senderos de la montaña*. Buenos Aires: Editorial Tor.

MASLOW, A. (1991). *La personalidad creadora*. Buenos Aires: Kairós/Troquel.

MERLO, V. (2007). *La reencarnación. Clave para entender el sentido de la vida. Concepciones antiguas y modernas de la reencarnación*. Málaga: Editorial Sirio.

MOODY, R. A. (1999). *Regresiones*. Buenos Aires: Edaf.

PERRY, F. (2003). *Cuando un rayo alcanza un colibrí. El despertar de un chamán*. Buenos Aires: Ediciones del nuevo extremo.

— (1996). *The Violet Forest. Shamanic Journeys in the Amazon*. Rochester: Bear and Company.

PONCE DE LEÓN PAIVA, A. (2005). *En busca del anciano*. Buenos Aires: Deva's.

— (2006). *Y el anciano habló*. Buenos Aires: Deva's.

POWERS, R. (1993). *Hacia la luz*. Buenos Aires: Errepar.

PROPHET, E. C. y PROPHET E. L. (1999). *Reencarnación. El eslabón perdido de la Cristiandad*. Arkano Books.

RAMACHARAKA, Y. (2009). *Bhagavad Guita: el mensaje del maestro*. Buenos Aires: Kier.

REVEL, J. F. y RICARD, M. (1998). *El monje y el filósofo*. Barcelona: Ediciones Urano.

RINPOCHÉ, G. (según Karma Lingpa) (1975). *El libro tibetano de los muertos. La gran liberación por audición en el bardo.* (Nueva traducción del tibetano con comentarios de Francesca Fremantle y Chogyam Trungpa). Buenos Aires: Editorial Estaciones.

ROIGAN, B. «Curación chamánica: no estamos solos». Entrevista a Michael Harner (Ph. D.) para *Alternative Therapies Magazines*». Publicado en *Revista Universo Holístico UH97*, Octubre de 2016.

ROUX-PERINO, J. (2006). *Los Cátaros*. Toulouse: MSM.

RUIZ, M. (1998). *Los Cuatro Acuerdos. Un libro de sabiduría tolteca*. Barcelona: Ediciones Urano.

SHANKAR, R. (2007). *El Maestro/Sri Ravi Shankar. Compendio de parte de sus conferencias.* Buenos Aires: El Arte de Vivir.

STEVENSON, I. (1992). *Twenty Cases Suggestive of Reincarnation.* Madrid: Mirach.

TORRES, R. *Universo cuántico. Fundamentos científicos de la medicina energética. Modificación del comportamiento humano a través de los campos interferentes.* Barcelona: Índigo.

VALLÉS, C. G. (1996). *¿Una vida o muchas? Un cristiano ante la reencarnación.* Madrid: Ediciones San Alberto.

VAUGHAN, F. (1990). *El arco interno. Curación y totalidad en psicoterapia.* Barcelona: Editorial Kairós.

VERNY, T. (M. D.) y KELLY, J. (1988). *La vida secreta del niño antes de nacer.* Barcelona: Ediciones Urano.

VILLOLDO, A. (2006). *Las Cuatro Revelaciones.* Málaga: Editorial Sirio.

— (2007). *Chamán, sanador, sabio.* Barcelona: Editorial Obelisco.

WEISS, B. (2002). *Solo el amor es real: el amor es la respuesta a todo.* Barcelona: Ediciones B.

— (2001). *Los mensajes de los sabios*. Madrid: Suma de Letras.

— (1988). *Muchas vidas, muchos maestros*. Barcelona: Ediciones B.

WILBER, K. (1990). *El espectro de la conciencia*. Buenos Aires: Kairós.

— (1990). *La conciencia sin fronteras. Aproximaciones de Oriente y Occidente al crecimiento personal*. Buenos Aires: Kairós/Troquel.

ECOSISTEMA DIGITAL

NUESTRO PUNTO DE ENCUENTRO

www.edicionesurano.com

2 AMABOOK
Disfruta de tu rincón de lectura
y accede a todas nuestras **novedades**
en modo compra.
www.amabook.com

3 SUSCRIBOOKS
El límite lo pones tú,
lectura sin freno,
en modo suscripción.
www.suscribooks.com

DISFRUTA DE 1 MES
DE LECTURA GRATIS

1 REDES SOCIALES:
Amplio abanico
de redes para que
participes activamente.

4 APPS Y DESCARGAS
Apps que te
permitirán leer e
interactuar con
otros lectores.

 iOS